# 幕末明治旗本困窮記

## 御書院番士 酒依氏の日記

西川武臣

山川出版社

# はじめに

本書は、江戸時代後期から幕末にかけて歴代の当主が御書院番士《ごしょいんばんし》（江戸城の警備と将軍を警衛する役職）をつとめた酒依《さかより》氏の天保《てんぽう》年間（一八三〇～一八四四）から幕末までの暮らしぶりと明治維新後に酒依氏が没落するに至った歴史を紹介したものである。本書を書くにあたって利用した資料は現在の横浜市神奈川区菅田町《すげたちょう》の旧家鈴木家に伝来した古記録であるが、ひとつは酒依氏の支配地の村役人が残した古文書であり、もうひとつは二人の酒依氏の当主が記した日記である。前者については幕末期に鈴木家が酒依氏の支配地である武蔵国橘樹郡《むさしのくにたちばな》下菅田村の村役人をつとめたことから鈴木家に伝来したものであり、一般的には「名主家文書《なぬしけもんじょ》」と呼ばれるものである。一方、酒依氏の当主が記した日記は、明治維新に際して、酒依氏一五代当主録五郎《ろくごろう》が鈴木家に預けたものであり、その後、酒依氏が消息不明になったことからそのまま鈴木家に残されたものである。

「名主家文書」についてはは珍しいものではなく、多くの旗本の支配地に残されている。しかし、旗本の日記については現在に伝えられることは大変少ない。これは明治維新に際して徳川家が「賊軍《ぞくぐん》」になったためで、江戸の屋敷に残されていた旗本の記録は、彼らが江戸を追われるとともに散逸してしまった。特に本書で紹介する旗本の日記は非常に珍しい記録である。鈴木家に伝来した日記は一一冊で、酒依氏一二代清左衛門《せいざえもん》と一四代清之丞《せいのじょう》の二人が記し、文政《ぶんせい》年間（一八一八～一八三〇）から慶応《けいおう》元年（一八六五）までの間に記されたものである。一一冊の内、一〇冊は清左衛門が記し、文政年間のものが二冊、天保年間（一八三〇～一八四四）のものが六冊、および嘉永《かえい》三年（一八五〇）と翌年のものがある。また、慶応元年（一八六五）に清之丞が記した日記が一冊残されている。日記が鈴木家に預けられたのは慶応四年（一八六八）春のことで、この時、清之丞の長男であった録五郎は、幕府の滅亡に際し住み慣れた江戸飯田町（現在、東京都千代田区）の屋敷を離れ、下菅田村の名主をつとめていた鈴木家に身を寄せることになった。しかし、「殿様」の地位を失った録五郎にとって名主の家は居心地の良いものではなく、程なくして酒依一家は下菅田村を出ることになった。この時、録五郎の持参した二人の当主の日記は鈴木家に残され、現在に伝来することになった。

ペリー来航以来、諸外国との外交で活躍した旗本や戊辰《ぼしん》戦争に至る西南雄藩との戦いに登場する旗本の事跡については語られることも多く、そうした旗本の人生については明らかにされていることも多い。しかし、酒依氏のような一般の旗本が激動の時代をどのようにして生き抜いたのかについてはほとんど知られていない。本書では旗本当主の日記という珍しい記録を題材にして幕末から明治維新に至る旗本の暮らしぶりを紹介していきたい。多くの旗本はペリー来航以来の日本の西洋化・近代化の中で過去の人びととして消え去っていったが、そうした人びととの歴史の一端でも後世に伝えられればと思う。

なお、鈴木家に伝来したこれらの古記録は、横浜開港資料館が調査をおこない、現在、同館の閲覧室で複製を閲覧することができる。

装　幀　山崎デザイン事務所　山崎登・蔦見初枝
本文組版　角谷　剛
図版作成　曽根田栄夫

# 幕末明治旗本困窮記　御書院番士酒依氏の日記——目次

# 第一章　御書院番士酒依氏と知行地の村々

## 酒依氏の歴代当主

酒依氏は戦国時代に甲斐国《かいのくに》（現在、山梨県）を本拠地にした戦国大名武田氏の家臣であった。この段階での酒依氏は、武田氏の末葉の板垣氏の一族で、そもそも甲斐国山梨郡酒依郷（現在、甲府市酒折《さかおり》町《ちょう》）に住んだことから酒依を名乗るようになったという。酒依氏は武田信玄・勝頼に仕えたが、武田氏が織田信長によって滅ぼされた後に、本書で紹介する酒依氏の本家にあたる酒依昌吉が徳川家康に見出され、天正《てんしょう》十八年（一五九〇）から徳川家に仕えるようになった。幕府が寛政《かんせい》年間（一七八九〜一八〇一）に編纂した「寛政重修諸家譜《ちょうしゅうしょかふ》」（徳川家に仕えた武家の家譜を集大成したもの）によれば、昌吉は小田原の合戦や関ヶ原の合戦にも従軍し、元和《げんな》二年（一六一六）に武蔵国高麗郡《こまぐん》（現在、埼玉県日高市）で八〇〇石の土地を与えられた。また、昌吉の子の昌次は別家（分家）し、昌次が本書で紹介する別家酒依氏の初代になる。

昌次が徳川家康に駿府で拝謁したのは慶長《けいちょう》十二年（一六〇七）で、その後、昌次は大坂夏の陣・冬の陣に従軍した。別家の酒依氏の支配地が確定したのは三代昌隆の時で、彼は元禄《げんろく》十年（一六九七）に、

表1　酒依氏の知行地と石高

| 国名 | 郡名 | 村名 | 石　高 |
| --- | --- | --- | --- |
| 武蔵 | 橘樹 | 下菅田 | 150石9斗2升7合1勺 |
| 武蔵 | 橘樹 | 鳥山 | 257石7斗2升7合0勺 |
| 武蔵 | 橘樹 | 羽根沢 | 261石3斗5升8合0勺 |
| 武蔵 | 足立 | 三丁免 | 303石6斗3升0合0勺 |
| 武蔵 | 足立 | 小谷 | 17石0斗6升0合6勺 |
| 武蔵 | 埼玉 | 笠原 | 229石2斗4升0合9勺 |
| 計 | | | 1219石9斗4升3合6勺 |

従来幕府から与えられていた俸禄を廩米《りんまい》（米で与えられる俸給）から知行地《ちぎょうち》（旗本が支配する村のこと）に改められた。当初の知行地は武蔵国橘樹郡と同国都筑郡《つづきぐん》にあったが、元禄十一年（一六九八）に都筑郡の知行地が武蔵国埼玉郡と足立郡に移され、最終的に、昌隆は武蔵国橘樹郡下菅田村・鳥山村・羽根沢村（以上、現在、横浜市神奈川区）、同国足立郡小谷《こや》村・三丁免村、同国埼玉郡笠原村（以上、現在、埼玉県鴻巣市《こうのすし》）の六つの村を支配することになった。

また、これらの村は幕末に至るまで酒依氏が支配する村であった。**表1**は、天保七年（一八三六）段階で酒依氏が支配した六つの村の村高を示すもので、この段階で酒依氏は、幕府から一二一九石余の知行地を拝領していた。

一般的に将軍の直属の家臣の内、将軍に御目見《おめみえ》ができる者のことを旗本と称したが、旗本の総人数は約五千人であった。この内、将軍から知行地を与えられた者は寛政年間（一七八九〜一八〇一）に、二二〇〇人強で、残りは廩米で俸禄を受け取っていた。また、知行地を拝領した旗本の内、三千石以上の知行地を持つ者は二四〇名強、千石以上の者は五七〇名強であり、約一二〇〇石の知行地を拝領した酒依氏は幕臣の中でも上級の家であった。

ところで、三代昌隆は、寛文《かんぶん》七年（一六六七）に御書院番士になっている。以後、四代昌陽と七代昌道も御書院番士をつとめ、酒依氏は三代昌隆以降、武官として幕府に仕えるようになっていったと思われる。残念ながら「寛政重修諸家譜」の記述は七代昌道で終わっているが、鈴木家に伝来した古記録の中に九代目から一四代目までの歴代当主について記したものがある。

この古記録によれば九代清左衛門は寛政六年（一七九四）に家督を継ぎ、文化《ぶんか》三年（一八〇六）に亡くなっている。その跡を継いだ一〇代清十郎（清左衛門の長男）が死去したのは文政三年（一八二〇）で、一一代清之丞（清十郎の長男）が家督を相続したが、彼は家督相続直後に死去している。そのため、九代清左衛門の次男（清十郎の異母弟か）が清左衛門を襲名し、同年中に酒依氏一二代当主になった。次いで一三代又兵衛（一二代清左衛門の長男）が家督を継いだのは嘉永六年（一八五三）で、その後、文《ぶん》久《きゅう》元年（一八六一）に江戸時代最後の当主である一四代清之丞（又兵衛の長男）が家を継いだ。

明治元年（一八六八）には一五代昌長（清之丞の長男録五郎の別名）が酒依氏を継いだが、彼が現在分かっている最後の当主になる（系図参照）。また、日記によれば一二代清左衛門と一四代清之丞は御書院番士をつとめていたことが判明しているから、酒依氏の武官としての伝統が幕末まで続いていたことになる。

## 【酒依氏系図】

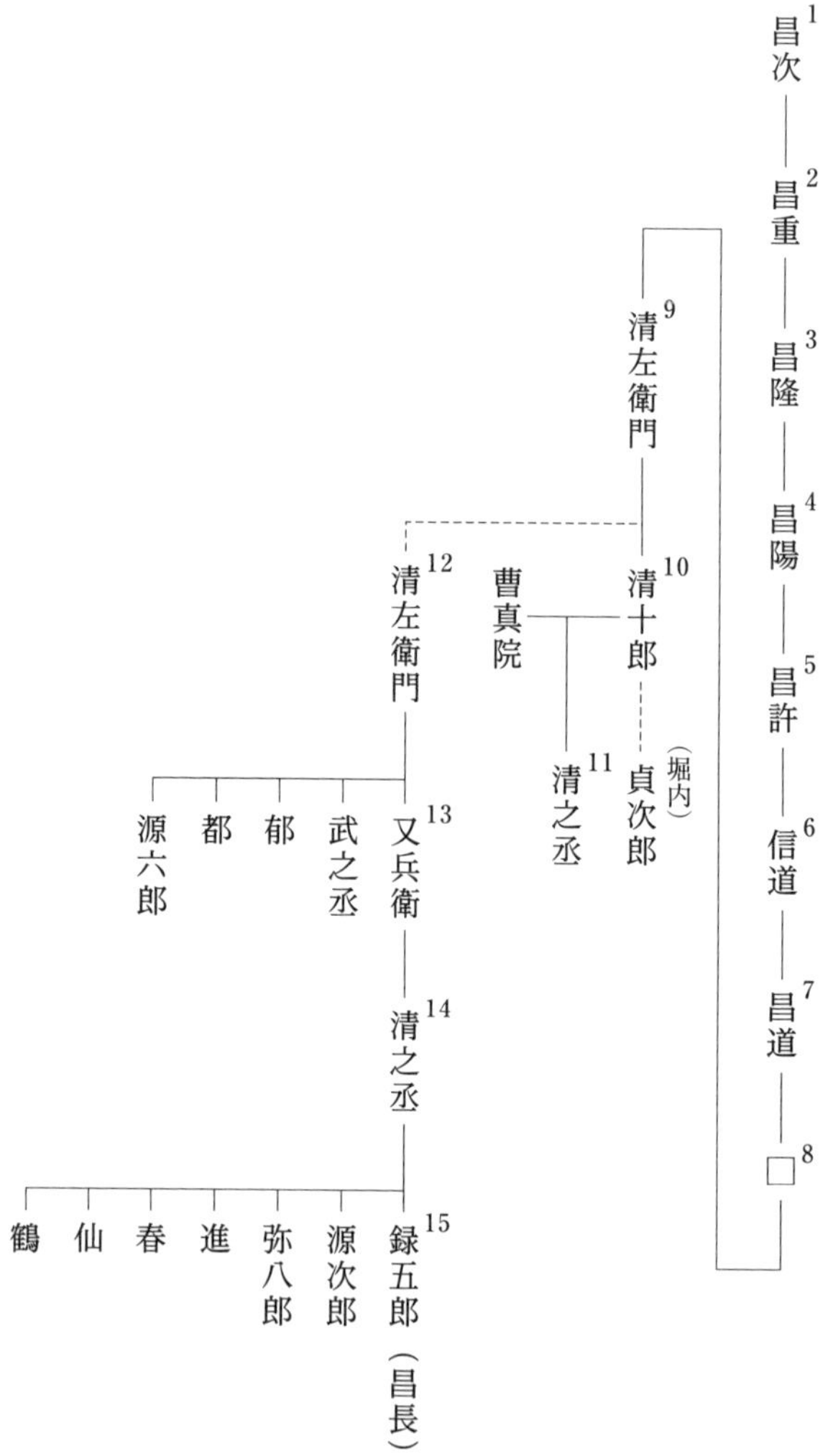
1 昌次
2 昌重
3 昌隆
4 昌陽
5 昌許
6 信道
7 昌道
8 □
9 清左衛門
10 清十郎
曹真院
11 清之丞
（堀内）貞次郎
12 清左衛門
13 又兵衛
武之丞
郁
都
源六郎
14 清之丞
15 録五郎（昌長）
源次郎
弥八郎
進
春
仙
鶴

## 酒依氏の屋敷

日記を記した酒依氏の歴史は、本家から分家した初代昌次から一五代昌長まで二六〇年間以上にわたるが、一二代の清左衛門の代まではどこに屋敷があったのか分かっていない。そもそも江戸において旗本の屋敷が整備されるようになったのは十七世紀初頭のことで、元和二年（一六一六）六月に徳川家康の駿府での死去に際して、家康に従い駿府に住んでいた旗本に対し家康付を解き、江戸へ移住することが命じられた。この時、神田川を掘り替えてできた現在の駿河台あたりの地に多くの旗本屋敷が造営されている。また、寛永二年（一六二五）三月には幕府が旗本の江戸屋敷の広さを石高に応じて決定し、翌年、その基準にしたがって屋敷割がおこなわれている。おそらく、この過程で酒依氏も江戸で屋敷を拝領したと思われるが、この段階での屋敷の位置は分かっていない。

江戸の切絵図に酒依氏の当主の名前が明示されるようになるのは一二代清左衛門、一三代又兵衛の時からで飯田町から駿河台一帯を描いた切絵図に酒依氏の屋敷が描かれている（図1）。その場所は現在の東京都千代田区飯田橋一丁目で、東京メトロ東西線の通っている付近になる。この一帯には多くの旗本が屋敷を拝領し、その一角に酒依氏の屋敷もあった。屋敷の広さについては正確には分からないが、千坪程度はあったと考えられる。屋敷図は残っていないが、歴代当主の日記からは屋敷が「表《おもて》」と呼ばれる公的な部分と「奥《おく》」と呼ばれる酒依氏の当主と家族の居住空間に分かれていたことがうかがわれる。「表」の座敷は当主が家臣と面会する時に使われ、知行地の村役人が出頭した際の拝謁もこ

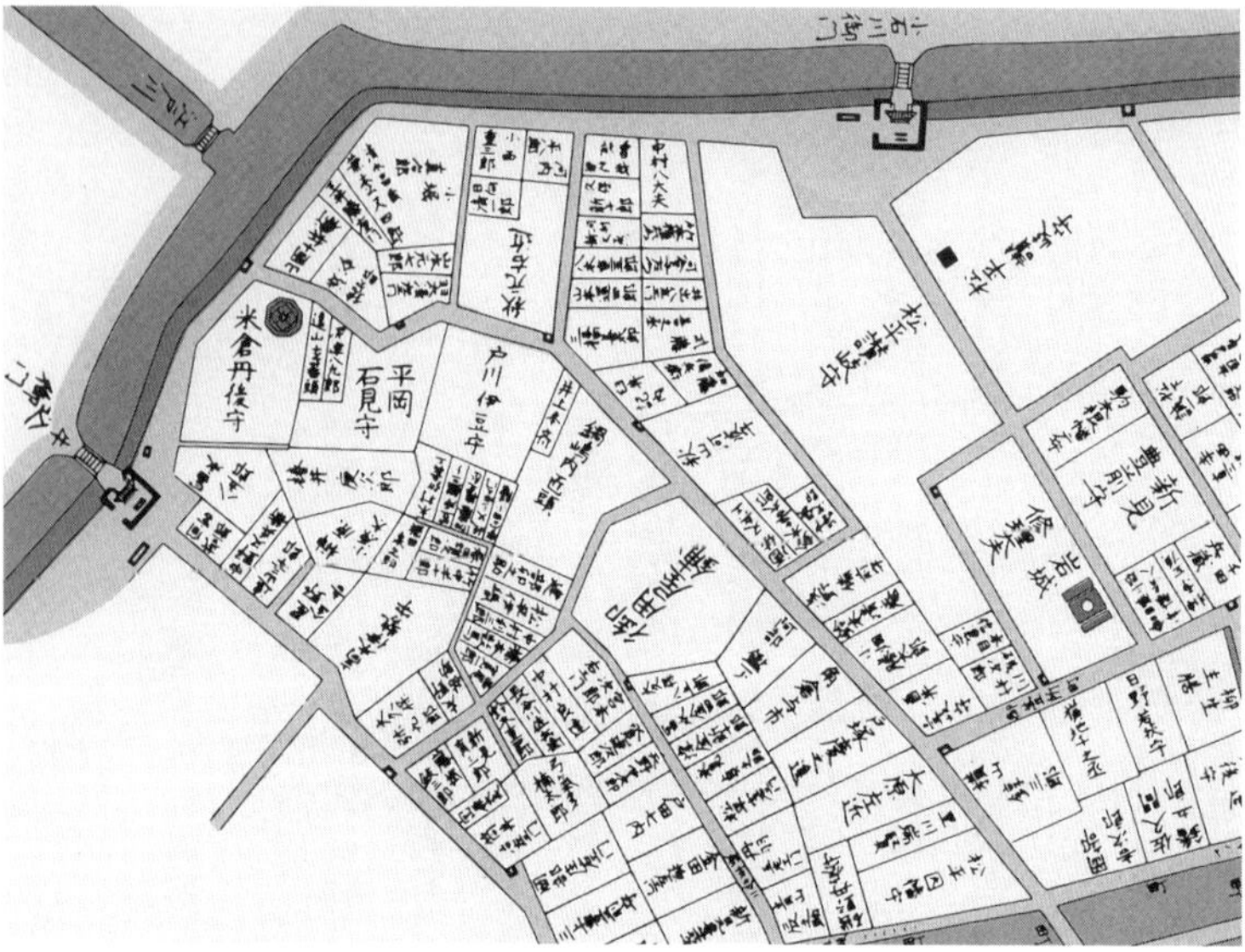


**図1　江戸の切絵図**　中央の「御用屋鋪（敷）」と注記された地点の向かい側に「酒依又兵エ」と記されている。現況は88ページの写真参照。個人蔵

の座敷でおこなわれた。また、来客の接待なども「表」の座敷が使われた。一方、「奥」では当主や妻子らが居住し、彼らの寝室や居間、台所や風呂などがあったと考えられる。

これに加えて敷地内には長屋があり、天保八年（一八三七）に記された一二代清左衛門の日記には長屋を御三卿《ごさんきょう》のひとつである一橋家の家臣大竹恒五郎に貸していたと記されている。また、酒依氏には何人かの「侍」と呼ばれる家臣と中間《ちゅうげん》・女中がいたが、彼らの住宅も敷地内に置かれた。特に、大名家の家老にあたる用人は妻子とともに屋敷内に住み、用人は毎日、自分の家から「表」に向かい執務にあたった。このほか一四代清之丞の場合、父親の又兵衛が存命中に家督を継いだため、相続にあたっては敷地内に「隠宅《いんたく》」が造られ

た。清之丞の元治元年（一八六四）八月十三日の日記には、隠居の「妾」が「隠宅」で女児を出産したとの記事があり、広い敷地の一角に「隠宅」が別棟で建てられていたことがうかがわれる。

## 御書院番士として

酒依氏の歴代当主の内、三代昌隆、四代昌陽、七代昌道、一二代清左衛門、一四代清之丞は御書院番士をつとめたことが分かっているが、一二代清左衛門の天保八年（一八三七）の日記からは御書院番士がどのような仕事をおこなっていたのかを具体的に知ることができる。

まず、彼が御書院番士になった時期であるが、清左衛門の天保四年（一八三三）までの日記には「小《こ》普請金《ぶしんきん》」（役職に就いていない幕臣が、その代りに幕府に上納する役金のこと）を上納したとの記述が散見していることから考え、翌天保五年（一八三四）以降に御書院番士になったと思われる（天保五年から同七年までの日記は残っていない）。

次に御書院番士の職務であるが、天保八年（一八三七）の日記によれば清左衛門は年間四六回にわたって江戸城に登城して城の警備にあたっている。警備場所は中雀門《ちゅうじゃくもん》（御書院御門）と周辺地域で、中雀門は大手方面から入って本丸へ向かう最後の門であったから、御書院番士の職務は江戸城の重要拠点を警備することであった（図2）。日記によれば御書院番士の江戸城警備には四つの区分があり、四六回の登城の内、請取当番が二〇回、泊当番が一七回、定式当番が六回、朝番が三回であった。日記

**図2　御書院番士が警備した江戸城中雀門**　写真：日本カメラ博物館所蔵

からそれぞれの当番が具体的にどのように違うのかは分からないが、定式当番と朝番は早朝に登城し、その日の内に退出している。一方、請取当番と泊当番は早朝に登城し、翌朝の午前五時から七時の間の開門と同時に退出している。

登城にあたっては清左衛門に家臣である侍と中間が付き従ったようで、一月十二日の日記では帰宅に際して突然雨が降り出したにもかかわらず、供の者が雨具を持ってこなかったために困ったと記されているから、警備場所の周辺に侍や中間の控える場所があったのかもしれない。また、当番に出るにあたっては「汁番」をつとめることがあり、天保八年（一八三七）の場合、清左衛門は二回の「汁番」をつとめている。ちなみに十二月十六日に「汁番」をつとめた時には「宅より仕込み」と注記があることから考えて、「汁番」とは交代で食事を用意することであったようである。

このように御書院番士は一〇日に一回程度、江戸城の警備にあたったが、このほか将軍が外出する際の警備も重要な職務であった。天保八年の場合、一二代将軍の徳川家慶《いえよし》が江戸城中にある歴代将軍の霊廟であった紅葉山と歴代将軍の墓所であった増上寺《ぞうじょうじ》に出向いたが、この時、清左衛門ら御書院番士が警衛にあたった。たとえば、九月二十四日に将軍が増上寺に出向いた際には、御書院番頭《ばんがしら》と組頭の指示で番士が警備にあたり、「中堂」と呼ばれる場所で番士一同が将軍に「御目見」した。これに加えて御書院番士は「大的《おおまと》」と呼ばれる弓矢の訓練に出席することを求められ、天保八年の場合、清左衛門は二月二十六日、四月九日、五月十八日の三回にわたって「大的」に出席した。いずれの場合も「大的定日、伜同道にて出席」とあり、定められた日に長男と一緒に出席することになっていたようである。

## 江戸城警備の中で

清左衛門は御書院番士として恒常的に登城したが、もう少し詳しく登城するにあたっての出来事を一、二紹介してみよう。御書院番士の警備はかなりの回数にわたったが、時には病気や怪我で警備を休むことがあった。清左衛門の場合、天保八年（一八三七）八月七日に乗馬の訓練をしていた際に、顔から落馬し怪我をしたため、翌日の泊当番を欠席している。欠席にあたっては八月七日に泊当番を一緒におこなう同僚の御書院番士に通達し、登城の当日には上司である組頭に書面で欠席する旨を知らせている。怪我はたいしたことはなかったが「面体見苦しく」と日記に記されている。清左衛門が勤めに戻ったのは八月二十六日で、この間、登城を免じられたと思われる。後述するように御書院番士は、組頭が指揮する二五名が一つのグループを作って職務にあたったから、少人数の欠席は認められることがあったと思われる。

ところで御書院番士が江戸城を警備するにあたっては番士だけでなく坊主や陸尺《ろくしゃく》と呼ばれる人びとが警備場所の近くに控え、番士の下働きに従事したようである。たとえば、天保八年（一八三七）三月二十五日、警備にあたっていた清左衛門は警備場所近くの「中の口」と呼ばれる場所にあった雪隠《せっちん》に入ったが、雪隠で腰に差していた脇差を落としてしまった。清左衛門は脇差をなんとか取り出そうとしたが如何ともしがたく、最終的に陸尺を頼んで肥溜《こえだ》めから脇差を取り出してもらった。脇差は洗ったものの使い物にはならなくなったが、興味深いことは、脇差を肥溜めから取り出すにあたって坊主と陸尺に依頼していることである。

坊主とは旗本が登城した際に旗本の身のまわりの世話をした人びとのことで、陸尺とは力仕事などの下働きをした人びとのことである。おそらく江戸城の各所にこうした人びとが配置されていたと考えられ、御書院番士の詰め所にも坊主や陸尺が配置されていたと思われる。この時、清左衛門は三月三十日に請取当番として登城した際に、陸尺の善右衛門と坊主の宗益に一〇〇疋（銭二貫五〇〇文）を、陸尺の勝太郎に金二朱を先日の礼として贈っている。由緒ある旗本といえども、江戸城での勤めを支障なくおこなうためには、陸尺や坊主に気を使う必要があったのかもしれない。

## 知行地を支配して

江戸において旗本は幕府から命じられた職務を果たしたが、旗本の生活を物心両面で支えたのは幕府から拝領した知行地であった。家康没後の旗本は江戸に屋敷を拝領し、江戸の屋敷から知行地を支配した。この体制は元禄期（一六八八～一七〇四）には完成したといわれ、ほとんどの旗本は自分の知行地に一度も出向くことはなかった。そのため、旗本の知行地支配は名主や組頭（名主の補佐役）と呼ばれた村役人を通じておこなわれた。

また、旗本は村役人の任免を自らの手でおこなった。酒依氏の場合も同様であり、たとえば酒依氏の知行地のひとつである武蔵国橘樹郡下菅田村では、天保十四年（一八四三）に新しい組頭が任命されることになった。この時は酒依氏一二代当主清左衛門の指示で、村内で会合が持たれ組頭候補として鈴木家当主の政右衛門が選出された。その後、清左衛門は政右衛門の江戸屋敷への出頭を求め、「表」の座敷において組頭の任命式がおこなわれた。

政右衛門の組頭就任に際しては、鈴木家から酒依氏に上質の半紙一〇帖（一帖は二〇枚）が献上され、同時に用人へも半紙五帖が献上された。また、江戸屋敷での任命式が終わった後に、政右衛門は帰村し、村においても村役人の就任披露がおこなわれた。その後、政右衛門は村役人として何度となく酒

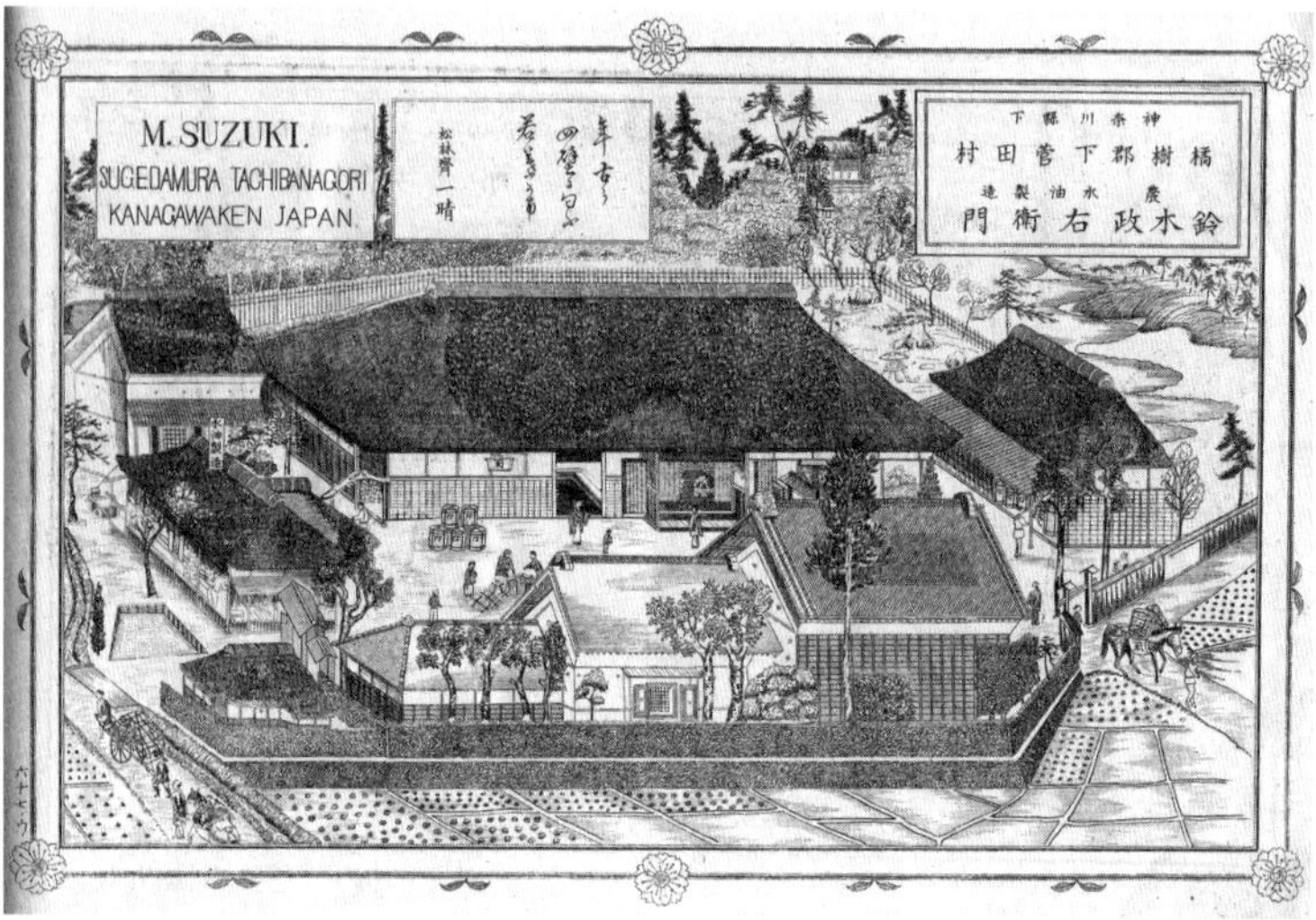


**図3　鈴木家の屋敷**　明治10年代に刊行された銅版画であるが、建物は江戸時代後期に建てられたと伝えられる。個人蔵

依氏と村との仲介役をつとめていくことになった。後に政右衛門は村のトップである名主に昇格するが、この頃から酒依氏との関係を深め、最終的に酒依氏の歴代当主の日記が鈴木家に預けられることになった。

一方、他の知行地でも名主や組頭が任命され、彼らは共同して酒依氏の知行地支配を支えていくことになった。たとえば、酒依氏が知行地に対して命令や指示を出す場合、名主や組頭が屋敷に出頭した際に、口頭で酒依氏当主や用人から命令や指示が伝えられた。また、名主や組頭が賄金《まかないきん》や上納金（江戸時代後期の段階で酒依氏の年貢上納は大部分が金納でおこなわれた）を屋敷に持参することも頻繁であった。さらに、屋敷と知行地の連絡が飛脚を使っておこなわれることもあった。

たとえば一四代清之丞が記した元治元年（一八

六四）の日記には知行地の村役人や飛脚の屋敷への出頭状況が詳細に記されているが、その回数は一月十日から十二月二十五日までに五七回に達し、頻繁に村役人や飛脚が屋敷に出入りしていたことが分かる。また、村役人や飛脚の出頭でもっとも多いのは、賄金や臨時金の上納であった。また、飯米・大豆・竹の子・小麦粉・胡麻油・キノコ・蕎麦粉などの食料品、照明用の水油《みずあぶら》、ほうきなどの日常生活品が持参されることもあった。一方、日記には村役人の出頭が「鳥山村鎮守八幡材木一条」や「笠原村一件内済」について話し合うためにおこなわれたと記されることもあった。この二つの事件について、その内容は分からないが、酒依氏が知行地で発生した事件に対して村役人を呼び出し、指示や命令を与えたものと思われる。これに加えて正月の年始や暑中見舞も知行地の村々からおこなわれた。

### 村に残された帳簿

酒依氏は村役人や飛脚の屋敷への出頭によって江戸の屋敷に居ながら知行地を支配したが、そのため名主の家には村政を遂行するために必要な帳簿が保管されることになった。また、これらの帳簿は、名主が交代する際に旧名主から新名主へ引き継がれた。

たとえば、下菅田村の名主をつとめた鈴木家には、弘化《こうか》三年（一八四六）に鈴木家当主の政右衛門が新名主になった際に、旧名主河原豊八から帳簿を引き継いだ時の様子を記した文書が残されている。文書によれば、この時、酒依氏一二代当主清左衛門は知行地の羽根沢村名主の彦三郎を屋敷に呼び寄せ、下菅田村の名主を河原豊八から政右衛門に交代させよと命じた。名主が交代した理由については後述するが、名主を交代させるにあたって清左衛門は村政を遂行するために必要な帳簿についても、河原家から鈴木家に引き継ぐことを命じた。下菅田村での引き継ぎは九月三日に彦三郎立ち会いのもとにおこなわれ、政右衛門と彦三郎は確かに帳簿を引き継いだことを記した受取書を河原家に渡した。

この時、引き継がれた帳簿は二二冊に達したが(表2)、主なものとしては以下のものがある。(一)検地帳、(二)質地控帳、(三)宗門人別帳、(四)年貢割付帳・皆済帳、(五)村入用帳、(六)御伝馬関係帳面、(七)御用留。いずれの帳簿も村役人をつとめた家に伝来することがあるものであるが、簡単に内容を説明したい。

(一)は下菅田村の屋敷・耕地・山林の面積とそれぞれの土地の「所有者」(江戸時代の農民は厳密に言えば土地の所有を認められている訳ではなく、検地帳に記された農民は土地を耕作する権利を持っていた者であった)を記した台帳で、耕地については田と畑の区別や一反あたりの収穫量が記載された。検地帳は土地の測量(検地)に基づいて作成されたが、下菅田村では寛永二十一年(一六四四)に検地がおこなわれ、この時に作られた検地帳が名主の家に代々引き継がれた。

(二)は検地の実施後、土地を抵当にした金融がおこなわれた際の土地の移動について記した台帳と思われるが、原物が残っていないため詳細については不明である。

次に、(三)は下菅田村での戸口調査の結果を書き上げた台帳で、村の戸数や各戸ごとの人数が書き上げられた。また、どの家がどの寺の檀家であるのかも示された。戸口調査は毎年おこなわれ、同じものが二冊作成され、一冊は酒依氏に送られたから、村に残されたいくつかの台帳が新しい名主に引き継がれたと思われる。

（四）は酒依氏が徴収する村からの年貢に関する台帳で、年貢割付帳は村に対する年貢の一種の「請求書」にあたり、皆済帳は酒依氏が発行した「領収書」にあたる。こうした台帳も毎年作成されたから、最新のものがいくつか引き継がれたと思われる。

（五）は村で支出した公的な金銭（村役人が酒依氏の屋敷に出頭する際の費用、村で発生した事件などに関する費用、鎮守の維持に関する費用など）を書き上げたものであり、村役人が村民から集めた金を公的な支出に宛てたものである。

また、下菅田村は東海道神奈川宿（現在、横浜市神奈川区）の助郷《すけごう》（幕府の役人などが東海道を通行する際に荷物運搬に使役する馬や人を宿場に提供すること）をつとめ、こうした人馬をどれほど提供したのかを書き上げた台帳が（六）である。

最後に（七）は、幕府が公布した触書《ふれがき》や達書《たつしがき》を書き留めた台帳である。これらの帳簿の管理は名主の公的な職務であり、

**表2　新しい名主に引き継がれた帳簿**

| | 帳　簿　名 | 冊数 |
|---|---|---|
| （一） | 検地帳 | 4 |
| （二） | 質地控帳 | 3 |
| （三） | 宗門人別帳 | 2 |
| （四） | 年貢割付帳・皆済帳 | 3 |
| （五） | 村入用帳 | 1 |
| （六） | 御伝馬関係帳面 | 3 |
| （七） | 御用留 | 1 |
| （八） | 村絵図・田畑書上帳など | 5 |

酒依氏は新しい名主に対し確実に旧名主から帳簿を引き継ぐことを命じたことになる。

### 酒依氏の家計を支えた年貢

旗本は知行地から徴収した年貢によって家計を維持したが、酒依氏の場合、天保七年（一八三六）と慶応元年（一八六五）の年貢収納の実態が分かっている。江戸時代後期以降の酒依氏は、検地によって決定した村高（村の生産力を米の取れ高に換算したもの）に毎年の年貢率を掛けて年貢の額を決定した。年貢率は知行地六カ村ごとにそれぞれ違い、天保七年（一八三六）を例に取れば、年貢率が高い村では五〇パーセント近くになり、少ない村では二六パーセントになっている。これは村ごとに年によって豊凶があったためと考えられ、これに応じて年貢率が決められたようである。鈴木家が住んでいた下菅田村の場合、村高は約一五〇石で、この年貢率は三五パーセントと決められ、年貢額は約五三石であった。しかし、下菅田村では荒れた耕地が多く不作の年であったため、ここから二〇石を減額することが認められ、実際の年貢額は約三三石となった。他の村でも年貢の減額が見られるが、これは全国的に天候不順によって飢饉（天保の大飢饉）が広がったことが原因と考えられる。

次に、酒依氏の年貢の収納方法であるが、酒依氏の場合、天保七年（一八三六）の段階で、年貢は酒依氏の屋敷で食べる飯米を除いて貨幣納（金納）になっていた。旗本が貨幣で年貢を収納する場合、米で決められた年貢額（天保七年の下菅田村の場合は約三三石）に貨幣との換算率を掛けて、どれほどの貨幣を上納するのかが決定された。また、酒依氏は、月々の生活費を毎月、知行地の村々から調達し、臨時の入用がある場合には、その都度、貨幣を上納させていた。こうした年貢納入方法を「年貢先納金制度」と呼んでいるが、江戸時代後期になると貨幣経済の進展によって多くの旗本がこうした年貢徴収方法を取るようになった。また、この方法の場合、年末に当初に決められた年貢納入額と年末までに納入した貨幣の額との間で決算がおこなわれ、過納の村へは払い戻しが、不足の村からは差額が上納された。

酒依氏については、慶応元年（一八六五）に知行地の村々からどのように先納金が上納されたのかを記した台帳が鈴木家に残されている。この台帳によれば、知行地の村々からの先納金の上納回数は三八回に達し、一カ月あたり三回送金がおこなわれている。上納は村役人が持参することが多く、時には飛脚が利用されることもあった。上納総金額は、金八七四両一分と銭三一貫九四五文に達し、この内、毎月上納されるのが酒依氏の生活費に相当する「御賄金」で、「御賄金」に不足が生じた際には「臨時入用」が上納された。

このほかに、屋根屋や大工への支払い、照明用の油の代金、衣服代・炭薪代・法事代・薬代・染物代など日常生活に必要な支出に関する金が上納された。また、武具を整えるための刀代や鉄砲代が計上されたほか、家臣の給料も知行地の村々から上納された。時代を反映した支出としては、一四代清之丞の長男録五郎（後の一五代昌長）が慶応二年（一八六六）に長州征討に出陣した際の費用を見ることができる。さらに、質屋への利息払いや質屋からの請戻し代も計上され、酒依氏の金融業者からの借金返済が、知行地の村々の負担になっていたことが分かる。

## 幕府御触書の通達

旗本の仕事のひとつに、幕府が公布する御触書《おふれがき》を知行地の村々に伝達することがあった。御触書は老中や若年寄で構成される御用部屋で協議され、将軍の認可の後に広く公布された。その内容は多岐にわたるが、幕府は御触書によって法令や規制などを知らせた。御触書の内、一般に公布したものを「御触」といい、特定の関係者にだけ通達するものを「御達《おたっし》」と呼んだ。また、旗本への御触書の伝達は、幕府の職制を利用しておこなわれ、老中支配の役職に就いている旗本には大目付を通じて、若年寄支配の役職に就いている旗本には目付を通じて御触書が伝達された。御触書を受け取った旗本は、農民に伝達する必要がある御触書を知行地の名主に伝え、名主は村の農民を集めて御触書を読み聞かせた後に、御用留と呼ばれる台帳に御触書を書き留めた。

ところで、下菅田村の名主をつとめた鈴木家には、文久二年（一八六二）に、酒依氏の用人が記した御触書を書き留めた文書が残され、酒依氏がどのように御触書を幕府から受領したのかを知ることができる。当時、酒依氏一四代当主の清之丞は御書院番士をつとめ、この役職は若年寄支配であったから御触書は目付を通じて伝達された。先述したように御書院番士は江戸城の警備と将軍を警衛する役職で、その構成は一番から一〇番まで一〇組に分かれ、各組ごとに一名の番頭と五〇名の番士が置かれた。鈴木家に残された文書によれば、若年寄から御触書を受領した目付は、文書で番頭に御触書を伝達している。番頭は伝達された御触書を写し取り、廻状の形で配下の番士に御触書を写した文書を伝達した。写しは二通作られ、二五名の番士が一つのグループになって「回覧板」の形で御触書が回された。おそらくそれぞれの旗本の家臣が、次に伝達する旗本の屋敷を「回覧板」を持って回ったと思われる。

「回覧板」には知行地の農民を対象とする「御触」と番士を対象とする「御達」が含まれていたが、「御触」と「御達」は、文中の宛所を示す文言で区別された。宛所は御触書の内容によってそれぞれであるが、多くの場合、「御触」には幕府の代官や大名・旗本から農民に触れることが明記され、「御達」には旗本に達することが明記された。たとえば、鈴木家に伝来した文書には「関八州」(現在の首都圏にあたる地域)の治安の維持を求める「御触」が記載されていたが、この「御触」には幕府の代官や大名・旗本が「御触」を農民に公布することが明記されていた。また、「御達」には御書院番士に対する命令・指示が記載された。

一方、知行地の名主への「御触」の伝達は、酒依氏の場合、名主が酒依氏の屋敷に出頭した際に伝達されることもあり、時には酒依氏が村に送った飛脚が「御触」を持参することもあった。飛脚で「御触」を伝える場合は、下菅田村・鳥山村・羽根沢村の三カ村は隣接していたため、代表して一カ村だけに飛脚が送られ、他の村の名主が後で「御触」を写すこともあったようである。おそらく現在の埼玉県鴻巣市にあった三丁免村・小谷村・笠原村の三カ村の知行地にも同様の方法で「御触」が伝達されたと思われる。飛脚が「御触」を知行地の村に伝達した例としては、嘉永元年（一八四八）に下萱田村名主鈴木政右衛門が記した日記に、改元を知らせる「御触」が公布された時の記述があり、この時、「御触」が羽根沢村名主の家に酒依氏から飛脚で到着したとある。また、羽根沢村名主は飛脚の到着を下萱田村と鳥山村に知らせ、両村の名主は羽根沢村に出向き、年号が弘化から嘉永に変わったことを知った。実際の改元は二月二十八日であったが、政右衛門が改元を知ったのは三月十五日であった。

## 鉄砲証文の提出

旗本は幕府の方針に基づいて知行地を支配したが、そのひとつに村々から幕府に提出される鉄砲証文の取次があった。一般的に江戸時代の日本では農民が鉄砲を兵器として使用することが禁止され、農民の鉄砲の所持は厳しく制限されていた。しかし、そうした統制下にあっても農民が鉄砲を撃てなかったわけではなく、多くの鉄砲が村に存在した。なぜなら日本には山勝ちな村が多く、猪や鹿を始めとする獣が田畑を荒らすことがあったからである。このため幕府も農民たちの鉄砲使用を認めざるを得ず、農民の中に鉄砲を持つ者が存在し続けることになった。もっとも農民が自由に鉄砲を使えたわけではなく、その使用に際しては幕府からの規制を受けた。具体的には鉄砲を使用できる期間を農作業が頻繁になる時期に限定し、村から幕府に鉄砲証文（鉄砲使用に関する一連の願書）を提出させることになった。旗本の支配した村では旗本が村と幕府との間を仲介し、鉄砲証文は名主から旗本に提出され、旗本が大目付に鉄砲証文を提出した。

酒依氏の場合も同様であり、歴代当主の日記には鉄砲証文提出に関する記述が見られる。また、下菅田村の名主をつとめた鈴木家にも関係資料が伝来した。たとえば、弘化三年（一八四六）四月、下菅田村名主の河原豊八は酒依氏一二代当主清左衛門に「鉄砲拝借願」を提出した。この書類は酒依氏を通じて大目付に送られ、その後、大目付の許可によって村での鉄砲使用が許可された。また、「鉄砲拝借願」には「酒依氏が所持する鉄砲を借りたい」と記されていたが、実際には鉄砲は村に常備され、形式上、旗本から鉄砲を借りた形を取っていた。こうした形式を取ることによって幕府は農民が勝手に鉄砲を使用することを規制したのである。

下菅田村の例では「鉄砲拝借願」の提出直後に酒依氏から鉄砲の使用許可が出され、名主の河原豊八からは害獣駆除以外に鉄砲を使用しないことを記した「一札」（請書）が酒依氏に提出された。また、最後に河原から二頭の猪と一頭の鹿を鉄砲で駆除したことが酒依氏に報告された。兵農分離の過程で幕府は鉄砲だけでなく刀などの武器についても農民が使うことを禁止したが、旗本はそうした幕府の方針を遂行する役割を負わされていたことになる。

# 第二章　一二代当主清左衛門の日記から

## 天保という時代

鈴木家に伝来した酒依氏当主の日記を記したのは、一二代清左衛門と一四代清之丞の二人であったが、この内、もっとも詳細な日記を記したのは一二代清左衛門であった。彼の日記からは旗本自身の行動だけでなく家族や家臣、出入りの職人や商人の動向まで具体的に知ることができる。そのため本書では残された一一冊の日記の中から清左衛門が記した天保八年（一八三七）の日記（図4）を中心に、下菅田村の名主をつとめた鈴木家に伝来した記録や清左衛門の他の年の日記も参考にしながら、酒依氏の人びとがどのように暮らしていたのかを紹介していきたいと思う。なお、日記を読み解いていくためには、当時の旗本を取り巻く社会の様子を知る必要もあるので、日記を紹介する前に天保という時代がどんな時代であったのかについて記しておきたい。

天保年間というのは一八三〇年から一八四四年までのことで、幕末に向けての「内憂外患《ないゆうがいかん》」（国内の政治的な危機と対外的な危機）が進行した時代であった。農村では貨幣経済の進展によって豊かな農民と貧しい農民の階層分化が急速に進み、村を離れて都市に向かう人びとが急増した。江戸では「その

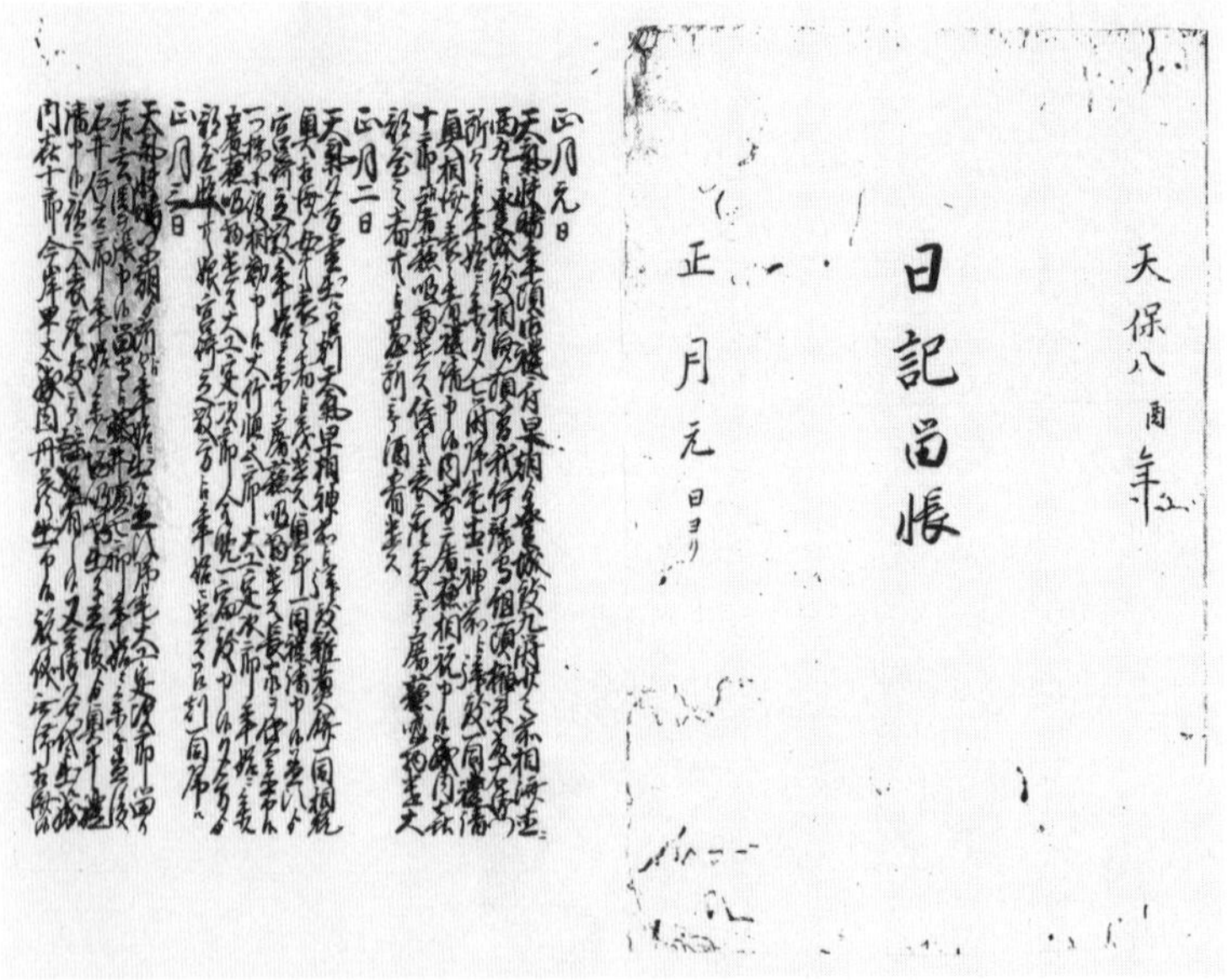


図4　酒依清左衛門が天保8年（1837）に記した日記

日稼ぎ」と呼ばれる職人・日雇い労働者・小商人が増大した。また、天保初年から八年にかけて国内を襲った大飢饉（天保飢饉）は諸物価を高騰させ、都市と農村に住む貧しい人びとの生活を一層困窮させた。その結果、各地で一揆や打ちこわしが続発した。一方、この時期に西洋諸国の外国船が日本各地に来航するようになり、清左衛門が日記を記した天保八年（一八三七）には、浦賀奉行所の管轄する砲台が浦賀（現在、横須賀市）に来航したアメリカ船のモリソン号を砲撃する事件が発生した。砲台からの攻撃は、文政八年（一八二五）に発せられた「異国船打払令《いこくせんうちはらいれい》」（日本に来航する外国船を砲撃することを認めた法令）に基づいておこなわれたが、幕末に向けて東京湾に侵入する外国船への対応が大きな政治課題になっていった。

「内憂外患」に対し、幕府は難しい対応を求められるようになったが、この時期に幕府の権力構造にも大きな変化があった。すなわち天保八年（一八三七）には、一一代将軍の徳川家斉《いえなり》が一二代将軍家慶に交代し、「大御所政治」（引退後も大御所として実権を握る政治体制のこと）が幕を開けた。しかし、代り映えのしない政治体制では相次ぐ危機には対応できず、天保十二年（一八四一）に家斉が死去すると、老中水野《みずの》忠邦《ただくに》による「天保の改革」が始まった。こうした時代の中で、旗本たちの暮らしも従来のものとは変わっていくことを余儀なくされたと思われるが、このような時代であることを背景にして清左衛門の日記を読み解いていきたい。

## 清左衛門の家族

天保八年（一八三七）正月当時、酒依氏の屋敷には当主の一二代清左衛門のほかに妻と四人の子供が住んでいた。妻については日記に名前の記述がなく「部屋」（妻の別称）と記されているだけであり、どこから嫁いできたのかも分からない。一二代清左衛門の長男は後に酒依氏一三代当主となる又兵衛で、次男に武之丞がいた。また、清左衛門には郁と都の二人の娘がいた。それぞれの年齢については分からないが、同年十月七日に妻が三男源六郎を出産したと記述があることから考えると、清左衛門は中年に差し掛かった頃と推定される。清左衛門は次男であったが、一一代清之丞（一〇代清十郎の長男）

が家督相続の直後に亡くなったため、「部屋住み」の身でありながら父の名前であった清左衛門を襲名して一二代当主となった。残念ながら一二代を継ぐ前の清左衛門が置かれた情況については分からないが、天保八年(一八三七)五月五日の日記に、「部屋」の姉が屋敷を訪ねてきたとき、着ていた着物がみすぼらしかったので浴衣を与えたと記されているから、家督相続以前の清左衛門は「部屋住み」として格式のある家から嫁を貰うことができないような立場であったと思われる。

このほか日記には一〇代清十郎の妻であった曹真院(夫の死去後の落飾した名前)が登場するが、日記を読む限り清左衛門と曹真院は人間関係が大変悪かった。曹真院については文政七年(一八二四)の清左衛門の日記にも記述があり、曹真院の夫の一〇代清十郎が死去した後、しばらくの間、彼女は酒依氏の屋敷に留まっていたが、その後、酒依氏の家を出て実家である池田信濃守の屋敷に帰りたいと申し出たことが記されている。日記には池田信濃守の屋敷が鳥越《とりごえ》(現在、東京都台東区)にあったと記されているから、屋敷の位置から考えて池田信濃守とは備中鴨方《かもがた》藩七代藩主の池田政共《まさとも》のことであったことが分かる。ちなみに、鴨方藩は現在の岡山県にあった藩で、岡山藩の支藩として貞享《じょうきょう》元年(一六八四)に成立した藩であった。石高一万五千石余の外様小藩であったが、こうした藩の娘を清十郎は嫁にしていたことになる。

ところで文政七年(一八二四)に曹真院が鴨方藩の藩邸に引っ越すにあたっては、清左衛門との間でかなりの軋轢があった。清左衛門は先々代の妻である曹真院の住宅を酒依氏の屋敷内に建てる予定であったが、曹真院は実家に帰ることを強く主張した。これに対し清左衛門は、曹真院を実家に帰しては「世間に対して外聞が悪い」と要求を拒もうとした。最終的に問題は鴨方藩の家老が仲裁に入り、曹真院は同年十一月に鴨方藩の藩邸に引き取られることになった。また、転居にあたっては鴨方藩と酒依氏との間で協議がおこなわれ、曹真院の生活費や曹真院付の女中の給金などを酒依氏が送金することが決められた。曹真院への送金は年間約二〇両であったが、こうした負担も酒依氏の財政を圧迫することになった。

これに加えて曹真院は娘の琴と一〇代清十郎が曹真院付の女中との間に産ませた貞次郎も連れて実家に帰ったため、二人の小遣いも酒依氏から送金された。貞次郎については天保八年（一八三七）の清左衛門の日記にも記述があり、貞次郎の他家への養子縁組について清左衛門と曹真院が激しくやり合ったことが記されている。当時、清左衛門は異母兄弟である貞次郎を山中鎌之助という人物の家に養子に出したいと考えていたが、これに対し曹真院は強く反対した。

この時、曹真院は貞次郎を実家である鴨方藩の藩士にしたいと要求し、度々、鴨方藩の丹羽安右衛門と清左衛門が相談をおこなった。十二月六日には清左衛門が貞次郎を呼び出し、本人の意向を確認したが、貞次郎も鴨方藩士になることを希望した。こうして貞次郎は鴨方藩士になることになったが、清左衛門は、貞次郎が酒依を名乗ることを拒否し、以後、貞次郎は堀内を名乗ることになった。また、酒依氏から支度金として五〇両を出すことも決められたが、支度金は貞次郎との手切れ金であったと思われる。由緒ある旗本をめぐる親族関係や血縁関係は大変複雑なものであったようである。なお、曹真院は嘉永四年（一八五一）の日記で彼女の一三回忌の法事がおこなわれているから、天保十年（一八三九）に鴨方藩の屋敷で亡くなったと思われる。

ところで両者の軋轢については日記の各所に記述があるが、旗本と大名との家族をめぐる争いについてはあまり知られていないので、やや煩雑ではあるが、以下に文政七年（一八二四）十一月十七日の記述を紹介したい。

曹真院参り申し聞き候には只今、鳥越より細郡儀右衛門参り申し聞き候には鳥越長屋明き候間、早く逗留に参り候様申し聞き、手間取候ては差し支えに相成り、急き参り候様申し聞き候間、儀右衛門江相談致し呉候様申し候に付、曹真院江参り、西郡儀右衛門に面会致し候処、同人申し聞き候には此節、鳥越様御長屋明き候間、曹真院様御取り急ぎ御逗留之方然るべく候様申すに付、私儀はあい願い申さず、手元江差し置き、いずれに致し候ても世話致し候筈之処逗留に遣わし、世間江対し相済み申さず候

日記には鴨方藩と清左衛門との間で激しいやり取りがあったことが記されているが、鴨方藩の屋敷に空き部屋があるので曹真院を戻せとの要求に対し、一歩も引かない旗本の意地を感じることができ

る。

## 清左衛門の家臣たち

旗本は幕府に対して定められた軍役《ぐんやく》（幕府に対して負う軍事上の負担）をつとめることが定められていたが、こうした体制は十七世紀前半に制度化され、文久二年（一八六二）の軍制改革がおこなわれるまで変わることがなかった。また、旗本は軍役に応じて家臣を持つことが求められた。酒依氏の場合、幕府から約一二〇〇石の知行地を拝領し、このクラスの旗本は五人の侍（武士身分の者）と槍持ち・鉄砲持ち・草履取り・小荷駄《こにだ》（荷物運搬に従事した）などと呼ばれる「足軽」身分の家臣（約二〇人）を持つことが求められた。また、軍役とは別に「奥」で働く女中も抱える必要があった。しかし、清左衛門の天保八年（一八三七）の日記を読む限り、酒依氏は幕府の求めるだけの家臣を抱えていなかったようである。

たとえば、一月三日、酒依氏の屋敷では謡初《うたいぞめ》（正月に謡をはじめてうたう儀式）が「表」の座敷でおこなわれたが、この儀式には用人をつとめる織内喜十郎及び今岸早太と織内丹蔵（織内喜十郎の息子）の三人の侍しか出席しなかった。また、日記の他の記述でも三人以外の侍が登場しないことから考えて、酒依氏の抱えていた侍は三人であったと思われる。一方、「足軽」については中間という呼称で日記に何人かの人物が登場するが、その人数は一〇人程度であったと思われる。したがって酒依氏は幕府の求める軍役に応じた家臣を持っていなかったことになるが、こうしたことは酒依氏だけでなく他の旗本も同様であった。江戸時代後期になると貨幣経済の進展によって旗本の支出が増加していくが、知行地からの年貢収入はそれほど増加することがなかったため、多くの旗本たちは定められた人数の家臣を財政的に抱えていくことができなくなっていたのである。

また、江戸時代初頭の旗本の家臣には先祖以来の譜代の家臣が多く、主人に対する忠誠心も強かった。しかし、江戸時代後期になると譜代の家臣が急激に少なくなった。酒依氏の場合は、用人も含めて中間に至るまで全部の家臣が、その都度、知人や知行地の村役人の紹介、あるいは江戸の口入れ屋を通じて雇い入れられている。一方、女中についても同様の形で雇い入れがおこなわれているから、「奥」についても「表」同様の情況であった。こうした情況では酒依氏は人数の面でも質の面でも幕府の求める軍事力を維持できたとは考えられず、幕末動乱の時代に向けて旗本が持つ軍事力は著しく低下していたと言えそうである。

### 用人一家との軋轢

天保八年（一八三七）、酒依氏の屋敷では用人をつとめる織内喜十郎と一二代清左衛門が対立し、用人を解雇し、新しい用人を雇い入れる事件が発生した。

事件のきっかけは同年四月二十六日に、清左衛門が川崎大師（現在、神奈川県川崎市）を参詣するこ

**図5　川崎大師**　明治時代中期に撮影された。横浜開港資料館蔵

とを計画し、侍をつとめる喜十郎の息子の丹蔵に同行を求めたところ、丹蔵が同行を断ったことであった。川崎大師は真言宗智山派の大本山で、平間寺《へいけんじ》と言ったが一般には川崎大師と呼ばれていた（図5）。この寺は厄除大師として江戸の人びとの信仰を集め、特に文化十年（一八一三）に一一代将軍の徳川家斉が川崎大師を厄除祈願に参拝したことから、幕臣たちも多く川崎大師を訪れるようになった。また、江戸から川崎大師までの道のりは東海道を利用し、多摩川を船で渡り（六郷の渡し）川崎宿に至ったが、江戸の人びとにとっては日常生活から離れる小旅行として人気が高かった。

　おそらく清左衛門も家の厄除けを祈願するために川崎大師への旅行を計画したと思われ

る。清左衛門の日記によれば、清左衛門に同行することになっていたのは長男の又兵衛と酒依氏の知行地であった下菅田村名主の河原宇右衛門であったが、当日の朝になり又兵衛が若干体調を崩したことから丹蔵に同行を命じることになった。しかし、丹蔵は川崎大師が遠方にあることを理由に同行を断ってしまった。これに対し清左衛門は旅行を決行することを決め、丹蔵の代りに中間を一人連れて出発した。一行は東海道を上り、川崎宿の富士屋という茶屋で休憩した後に川崎大師を参詣した。帰路には羽根田（羽田）の穴守稲荷《あなもりいなり》神社にも立ち寄った。一行は夕刻に品川宿（現在、東京都品川区）に到着したが、ここで迎えに来ていた丹蔵に出会うことになった。しかし、怒りの治まらない清左衛門は丹蔵を先に屋敷に帰し、帰宅後、丹蔵の父親の喜十郎を座敷に呼び出し、丹蔵の態度を厳しく叱責した。

織内家の処罰が決まったのは七月二十八日で、清左衛門は、喜十郎が酒依家に奉公するにあたって保証人となった旗本鳥居丹波守の家来佐藤弥門を屋敷に呼び出し、喜十郎に「永の暇《いとま》」（解雇）を申し渡すことを通達した。これに対し佐藤弥門は書面をもって詫びを入れ、清左衛門は喜十郎については息子の監督不行き届きを不問に付すことにした。しかし、丹蔵については怒りが治まらなかったのであろうか、「永の暇」を申し渡すことになった。

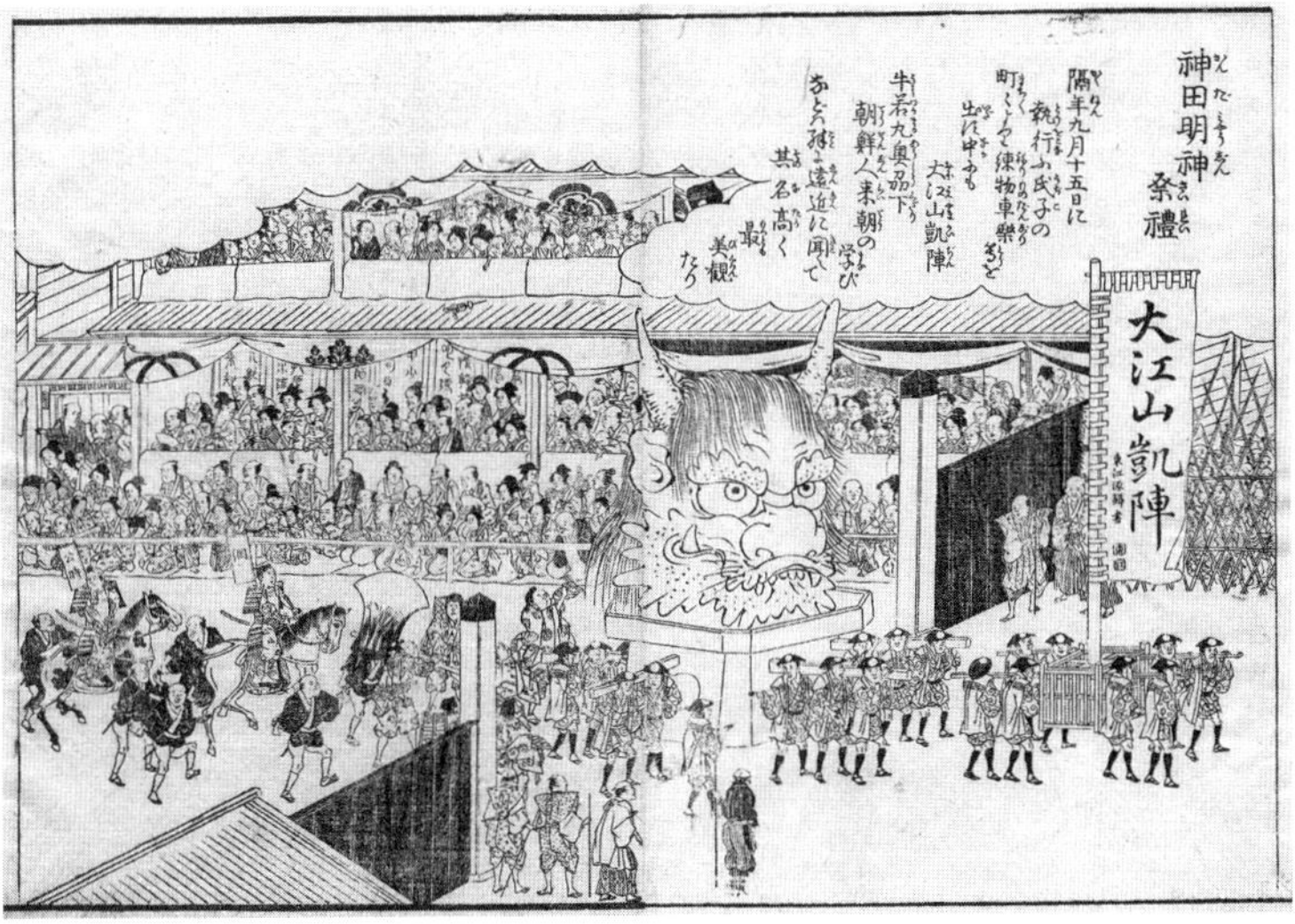


**図6　神田明神の祭礼**（『江戸名所図会』巻14より）　横浜開港資料館蔵

## 神田明神の祭りの日に

川崎大師への旅行以来、清左衛門と用人一家とはぎくしゃくした関係が続いたが、今度は神田明神の祭礼がおこなわれた日に、喜十郎の妻が清左衛門の許可なく祭見物に出かけるという不祥事が発生した。当時、清左衛門の妻は出産を控え、そうした大事な時に用人の妻が遊びに出かけたことは大きな問題になった。

神田明神は江戸の総鎮守といわれた神社で、江戸時代後期には幕府の保護もあって盛大な祭礼がおこなわれた。祭礼は神田明神とともに江戸を代表する神社の日枝《ひえ》神社の祭礼である山王祭《さんのうまつり》と隔年で開催され、九月十四日と十五日の両日にわたっておこなわれた。祭礼の行列は江戸城内にも入り、将軍の上覧に供せられたため、この祭は「天下祭」と呼ばれた。祭の行列は、騎馬の社家《しゃけ》と二基の神輿《みこし》を中心に意匠をこらした三六基の山車《だし》と歌舞の一行が練り歩いた（図6）。江戸の人びとは祭礼を心待ちにし、大群衆が祭を見物したと伝えられる。

酒依氏の家では祭を見物することを恒例としていたようで、十四日には祭礼の行列が通過する地点にあった能登屋という商家に見物に際して使用する毛氈《もうせん》や屏風を運び込んでいる。能登屋についてはどのような店であったのか分からないが、酒依氏の屋敷に出入りしていた店と思われる。また、清左衛門は十五日に江戸城警備のために登城したが、長男の又兵衛と次男の武之丞および郁と都の二人の娘は能登屋に出向き祭礼の行列を見物した。

しかし、その直後に喜十郎の妻が十五日の朝から屋敷内で見かけなかったことが発覚し、江戸城から戻った清左衛門は喜十郎を呼び出し厳しく用人の妻の行動を問いただした。その結果、喜十郎の妻が早朝から祭見物に出かけていたことが判明することになった。丹蔵に続く用人の妻の勝手な行動に清左衛門の怒りは強く、当日の清左衛門の日記には「主人（清左衛門）の妻が出産を控えている時に、それを見捨てて遊びに行くことは大変不埒な行動であり許せない」と記されている。

清左衛門は、当面、喜十郎とその妻に謹慎を命じたが、最終的に喜十郎は十月五日に清左衛門に「辞職」を申し出ることになった。この日の日記によれば喜十郎は、清左衛門から屋敷内の長屋を借りていた一橋家の家臣大竹恒五郎の家来になることを考えていたようであるが、大竹が申し出を断ったため、織内家の人びとはほどなく酒依氏の屋敷を出ることになった。十月二十日には用人としての給金の精算がおこなわれ、清左衛門が喜十郎に貸与していた刀と脇差の返却がおこなわれた。

## 新しい用人を雇って

織内喜十郎の「辞職」によって清左衛門は新たな用人を雇う必要に迫られたが、清左衛門が新たな用人を雇うことについて、知行地の下菅田村名主の河原宇右衛門に相談を持ち掛けたのは、喜十郎が「辞職」を申し出た前日の十月四日のことであった。河原との話し合いの具体的な内容は日記に記されていないが、河原は清左衛門の友人である夏目新兵衛に相談することを勧めたようである。夏目についてはどのような人物か不明であるが、日記を読む限り旗本のように感じられる。夏目が新しい用人に心当たりがあると言ってきたのは十月六日のことで、十月二十二日には夏目が近藤勝蔵という人物を連れて酒依氏の屋敷にやって来た。近藤の履歴については分からないが、天保九年（一八三八）一月十二日の清左衛門の日記には近藤が朝から前に仕えていた主人のところへ行ったと記されているから、どこかの旗本の用人や侍をつとめていたのかもしれない。

また、同日に前田志摩守の紹介を受けた金子保造という人物が酒依氏の屋敷を訪れ、用人になりたいと申し出た。また、この人物は用人になれないのならば少額でも良いので「手当」を支払って欲しいと要求し、清左衛門が要求を受け入れない場合、酒依氏の上司である御書院番頭に訴訟を起こすと申し出た。金子が無法な要求をできる根拠がどこにあるのかは分からないが、当時の江戸にはこうした食い詰めた武士が多くいたのかもしれない。一方、近藤勝蔵については清左衛門が用人として雇うことを決定し、十月二十九日には近藤が酒依氏の屋敷に引っ越すことが決まった。興味深い点は、近藤が用人になるにあたって、清左衛門が改名を求めた点で、二十九日の日記には勝蔵という名前を仙太夫に改めさせたと記されている。

十月三十日の夕方には酒依氏の「表」の座敷において、勝蔵改め近藤仙太夫の用人就任の儀式がおこなわれた。儀式には紹介者の夏目が同席し、清左衛門と長男の又兵衛および次男の武之丞が出席した。儀式では、下菅田村名主の河原宇右衛門が仙太夫を座敷へ案内し、清左衛門から仙太夫に「用役心得書」(用人の心得を記した簿冊)が手渡された。その後、又兵衛が住む建物で、仙太夫が侍と中間に紹介された。当日は酒が供され、家臣へも酒が振舞われた。また、翌日には仙太夫が清左衛門の座敷に「御機嫌伺」に出て、この日から用人としての仕事が始まった。

用人の仕事は多岐にわたるが、仙太夫の場合、用人就任直後から曹真院の実家である鴨方藩との貞次郎をめぐる交渉にあたっている。また、十一月八日の日記には仙太夫が清左衛門の子供たちに論語の素読《そどく》を教えることになったとあるから、仙太夫はこうした素養を持った人物でもあったようである。さらに翌年の日記には酒依氏の知行地である三丁免村の農民が清左衛門に対して不埒な行動をしたことについての吟味も仙太夫がおこなっている。

これに加えて仙太夫は、女中の雇用に関する手続きや酒依氏の金銭出納についても差配している。

また、天保九年（一八三八）一月二十六日の清左衛門の日記には、仙太夫が神奈川宿の商人から二八〇束の薪を購入して船で運ばせたと記されている。薪は酒依氏の屋敷で使用されたものと思われるが、神奈川宿は江戸向けの薪の集散地であり、用人はこうした世事も詳しく知っている必要があったと思われる。このように旗本の屋敷で、用人は大変重要な役割を果たしていたが、清左衛門の日記を見る限り、用人といえども立場は安定したものではなく、江戸時代後期に入ると用人や侍の入れ替わりは大変激しい。

ちなみに天保十二年（一八四一）三月七日の日記には、酒依氏の屋敷の門番をつとめていた利介が侍になることを望み、清左衛門がこれを認めたことから利介の中間から侍への昇格がおこなわれた。身分を上げるにあたっては、清左衛門から刀代や袴代が利介に渡され、利介の装束が中間から侍に変わった。また、給金についても増額がおこなわれた。はたして旗本屋敷で中間から侍への身分の上昇がいつ頃からおこなわれるようになったのかは分からないが、幕末に向けてこうしたことは珍しいことではなくなっていったようである。

### 中間部屋での賭場の開催

嘉永元年（一八四八）三月、酒依氏の屋敷に奉公していた中間が中間部屋で賭場を開いたことが発覚した。賭場を開いた中間は、下菅田村名主の鈴木政右衛門が酒依氏に紹介した人物であり、そのため事件に関する文書が鈴木家に残されることになった。

文書によれば、酒依氏の用人をつとめていた田中良右衛門は、三月のある日に中間たちが中間部屋で賭場を開いていることに気が付いた。この時、田中は直ちに中間部屋に踏み込み、そこにあった銭五八〇文と蠟燭・サイコロを押収した。同時に田中は博奕に参加した中間だけでなく中間全員に禁足を命じ、賭場開催の首謀者であった仙右衛門を捕縛した。また、仙右衛門を中間として酒依氏に紹介した下菅田村名主の鈴木政右衛門に屋敷への出頭を命じた。

政右衛門が屋敷に着いたのは三月二十四日で、彼は一二代清左衛門に「表」の座敷で面会した。当時、幕府は賭場を開くことに規制を加え、村祭りなどで博奕をすることも厳しく禁じていた。そのため清左衛門は屋敷の中で、中間によって賭場が開かれたことを放置できなかった。この時、清左衛門は政右衛門に対し、博奕の頭取をつとめた仙右衛門を解雇し、別の人間を中間として屋敷に送ることを命じた。命令を受けた政右衛門は三月二十九日に帰村したが、新しい中間は見つからなかった。鈴木家に残された文書によれば、帰村した政右衛門は下菅田村と同様に酒依氏の知行地であった鳥山村と羽根沢村にも「廻状」を廻し、清左衛門から新たな中間を探すことを命じられたと伝えた。

中間が見つかったのは四月四日で、この日に下菅田村・鳥山村・羽根沢村の村役人は合同で会合を持ち、無宿人《むしゅくにん》の半次郎を中間として酒依氏の屋敷に送り込むことを決定した。無宿人とは宗門人別帳に記載されていない者のことを言うが、必ずしも住所が不定の者を言う訳ではない。一般的に農村においては、不行跡を理由に親から勘当された者や困窮から生活ができなくなり村を出奔した者が多かった。半次郎がどのような理由で無宿人になったのかは分からないが、こうした人物しか中間にはなりたがらなかったことになる。

残念ながら賭場開催後の中間候補者の選定については、これ以上のことは分からないが、弘化《こうか》三年（一八四六）に、清左衛門が下菅田村から中間を出すことを命じた際に作成した文書が鈴木家に残され、村人が中間として酒依氏の屋敷に出ることをどのように考えていたのかをうかがうことができる。文書が作成されたのは同年八月で、この時は村から屋敷に奉公に出た中間の権兵衛が病気になったため、村では新たな中間を選ぶ必要に迫られた。しかし、この時も候補者は見つからず、下菅田村では選定の日限を延期してもらうことを求めた願書を酒依氏に提出した。願書によれば、下菅田村の村役人は自分の村だけではなく近隣の村にまで声を掛けたようであるが、誰一人として中間になりたい者はいなかった。その理由として村役人は麦刈り後の作業と稲刈りに向けての作業で忙しいことをあげ、中間として働ける人を出すことはできないと述べている。

清左衛門としては自分が支配する知行地の農民を中間として登用することが確かな人物を得られる方法であったが、村としては簡単には清左衛門の要求を呑むことはできなかったようである。このため中間の交代をめぐって清左衛門と知行地の間で繰り返し交渉がおこなわれた。また、時には中間として無宿人を雇うこともあり、素行の良くない中間によって賭場が開かれることもあった。幕末に向けて用人や侍の質の低下に加えて、中間の確保が酒依氏の大きな課題になっていった。

## 女中部屋での盗難事件

天保八年(一八三七)四月十八日夜、酒依氏の屋敷の女部屋と呼ばれる部屋に盗賊が忍び込んだ。女部屋は屋敷の「奥」で働く女中たちが寝起きする部屋で、盗賊は板塀を乗り越えて、湯殿の戸を破って「奥」の女部屋に侵入した。清左衛門の日記によれば、当時、屋敷では吉弥・奈加・真木・八重・春次の五人の女中と瀬喜弥という飯炊き女が働いていた。吉弥については「腰元」と注記されることもあり、女中頭のような存在であったようである。彼女たちは通いではなく屋敷に住み、清左衛門の妻の指示で家事に従事した。

事件が発覚したのは翌日の朝のことで、盗賊は吉弥の小袖四枚・帯三本・糯袢《じゅばん》一枚と奈加の袷《あわせ》一枚を盗んで逃走したことが判明した。清左衛門は町奉行所に届け出ることを決め、用人の織内喜十郎に届出書類を作成させた。南町奉行をつとめる筒井政憲《つついまさのり》の役宅から紛失した品物についての確認をしたいとの連絡があったのは五月二十日のことで、翌日、織内と吉弥が筒井の役宅に出頭した。さらに、二十七日には筒井の役宅から再度の両名への呼び出しがあり、町奉行所の吟味方与力稲沢与一郎が、犯人が捕まったことと盗品が発見されたことを知らせてくれた。

上級の旗本である酒依氏の屋敷で発生した事件に対し、奉行所が迅速な対応をしているように感じられる。盗品が戻ってきたのは六月二十五日のことで、清左衛門は織内と吉弥を連れて筒井の屋敷を訪れ盗品を引き取るとともに、奉行所役人から犯人が牢死したことを伝えられた。

事件は女中の衣類が盗まれるという窃盗事件であったが、清左衛門の日記には、このほかにもいくつか女中に関する記述が見られる。まず衣類を盗まれた腰元の吉弥については三月二十七日の日記に、母親が病気になったため、しばらく「通い」になりたいとの記述がある。おそらく吉弥は屋敷内に部屋を与えられていたと思われるが、三月下旬から「通い」になり、夜間に部屋を空けていたことが盗みにあった原因かもしれない。また、彼女は八月三十日に母親の容体が思わしくないためであろうか、屋敷から「永の暇」を取ることになった。

ところで酒依氏の屋敷では「表」で働く用人・侍・中間が頻繁に代わっていたが、「奥」で働く女中も頻繁に交代している。清左衛門の日記によれば、正月九日に瀬喜弥が正月用の餅を盗んで売り払ったことから解雇され、三月五日には新しい飯炊き女が引っ越している。また、七月三日には女中の春次が「不埒」を理由に解雇された。さらに、八月三十日には八重と吉弥が「永の暇」を取っている。八重については屋敷から退く理由が記されていないが、おそらく一年間の年季奉公が明けたことが理由と思われる。

一般的に江戸では三月五日と九月五日が「出替わり奉公」の日と決められ、この日の前後に奉公人が代わることが多かったから、酒依氏の屋敷でもこの日の前後に女中や飯炊き女の交代がおこなわれたと思われる。九月三日の記述には「女両人、中間両人請状致させ候」とあり、新しく雇った女中と中間の保証人から「請状」（奉公に出るにあたって保証人が提出する証書）が酒依氏に提出された。残念ながら日記に登場した女中たちが酒依氏の屋敷で働くようになったきっかけについては分からないが、用人や中間とは違って江戸の「口入屋」を通じて紹介されることが多かったと考えられる。

一方、女中たちの出身地についても日記に記されている訳ではないが、現在の首都圏にあたる地域の農村から働きに出ることが多かったと思われる。たとえば武蔵国橘樹郡生麦村《なまむぎむら》（現在、横浜市鶴見区）の旧家関口家に伝来した記録に、村から江戸の武家屋敷に奉公に上がった女性たちについて記したものがある。この記録によれば天保七年（一八三六）に生麦村から八名の女性が江戸の武家屋敷に奉公に出ている。当時の生麦村の女性人口は約五六〇人であったから、八名という人数は小さなものではない。また、女性たちの年齢はいずれも一〇代で、奉公先には御三家のひとつである水戸藩や東北の大藩である仙台藩の屋敷も見られる。

こうしたことは生麦村だけでなく広く一般に見られ、彼女たちは武家屋敷で働くことによって屋敷で行儀作法を見習い、数年で宿下がりをして良家に嫁ぐことを目的とした。一方、武家屋敷ではそうした女性たちの存在によって家計を維持していたと言える。酒依氏の屋敷で働いていた女中たちについて履歴を知ることはできないが、江戸周辺の農村出身の女性もいたのではないだろうか。

## 上知令をめぐって

天保一二年（一八四一）閏《うるう》一月に、大御所の徳川家斉が亡くなると、老中の水野忠邦は家斉の側近を一掃し、天保の改革と呼ばれる政治改革に着手した。この改革は多岐にわたったが、綱紀粛正や倹約の励行をスローガンに強権的に進められた。江戸では奢侈《しゃし》の取り締まりがおこなわれ、高価な装身具を身に付けることが禁止され、値段の高い料理を食べることも制限された。文化面では歌舞伎の興行に制限が加えられ、芝居小屋の江戸郊外への移転に加えて、役者が旅興行することが禁止された。また、この頃から流行し始めていた寄席《よせ》についても演目が限定された。統制は出版にも及び、絵草紙や人情本の作者が処罰された（為永春水や柳亭種彦など）。経済面では物価騰貴の原因が、株仲間などの同業組合が流通の独占をおこなっていることにあるとし、同業組合の解散を命じた。一方、関東や東北の農民が生活困窮から村を離れ、江戸に流入することによって、江戸で貧民が急増していることを問題視し、農民たちが村に帰ることを奨励した。

こうした改革は江戸に住む酒依氏にも大きな影響を与えたと思われるが、もっとも大きな影響があったのは天保十四年（一八四三）に発令された上知令《じょうちれい》であった。この法令は江戸と大坂を中心に一〇里四方にある大名や旗本が支配する領地を幕府領（幕府の代官が支配する土地）に変えて、入り組んだ所領のあり方を幕府領に一元化するものであった。水野は幕府が江戸や大坂周辺の農村を一括して支配することによって、農民の取り締まりを強化しようとしたと言われている。もっとも上知令は発令直後に、激しい反発を大名から受けて取り消されたが、一旦、上知令が発令されたことによって、酒依氏の知行地では村役人と一二代清左衛門との間で対立が巻き起こった。上知令が御書院番頭から清左衛門に達せられたのは同年六月で、これを受けた清左衛門は下菅田村名主の河原宇右衛門に上知令を通達した。

当時、宇右衛門は酒依氏から苗字帯刀を許され、酒依氏が支配する六カ村の村々を取りまとめる筆頭名主をつとめていた。また、彼は知行地からの年貢金の調達や酒依氏の支出の管理を用人と一緒におこなう立場にもあった。そのため彼は個人的にも酒依氏に多額の「用立金」を負担し、天保十四年段階で宇右衛門から酒依氏に用立てた金は三〇〇両以上に達した。「用立金」は酒依氏から利子を付けて順次返済されることになっていたが、上知令の発令によって酒依氏は下菅田村を支配する「殿様」ではなくなり、「用立金」の返済は打ち切られることになった。こうした対応は宇右衛門にとって納得できるものではなく、宇右衛門は三〇〇両の即時の返済を求めることになった。この事件については宇右衛門と同様に下菅田村の村役人をつとめていた鈴木家に関連文書が残されている。

文書によれば宇右衛門が用立てた金は子供の結婚費用であったが、財政困窮にあった清左衛門が即時の返金に応じられるものではなく、宇右衛門の要求は通りそうにもなかった。しかし、上知令そのものが九月に撤廃されたことから、事件は新たな様相を見せ始めることになった。清左衛門が下菅田村に上知令の廃止を伝えたのは十月のことで、この直後に清左衛門は河原の屋敷への出頭を命令した。

これに対し宇右衛門は病気を理由に出頭を断り、代人として長男の豊八が出頭した。豊八に面会した清左衛門は、上知令発令以降の宇右衛門の態度に怒りを示し、宇右衛門を謹慎の処分にするとともに苗字帯刀と名主の身分を取り上げることを命じた。そして宇右衛門の代わりに羽根沢村名主の平本喜平を筆頭名主に命じ、以後、平本は年貢金の調達や酒依氏の支出の管理をおこなうとともに清左衛門からの御用金の調達にあたることになった。しかし、知行地の村々にとって清左衛門の態度は理不尽なものであり、これ以後、清左衛門と村々との対立が続くことになる。

## 相次ぐ農民との対立

弘化二年（一八四五）、今度は酒依氏の知行地のひとつであった鳥山村の名主村田弥右衛門が酒依氏に出訴する事件が発生した。村田は河原と同様に酒依氏に大金を従来から用立てていたが、上知令の廃止直後の時期から酒依氏の返済が滞るようになっていた。そのため清左衛門は村田に対し、村田が負担してきた毎年の年貢金を免除し、これをもって返済金に宛てることを通知した。鈴木家に残された文書には年貢金の免除がいつからおこなわれたのかについては記されていないが、酒依氏の財政が一層窮乏したためであろうか、清左衛門は年貢金の免除を停止することを村田に通達した。この通達を不服とする村田は直ちに決定が不当であることを清左衛門に訴え出た。最終的に事件は、鳥山村以外の酒依氏の知行地が共同して二〇両を出金して村田に渡すことで決着したが、知行地から金を出させることは限界を迎えつつあった。

一方、この時期に下菅田村では、河原の後を継いだ新名主の関本定五郎が突然出奔するという事件が発生した。関本が出奔したのは弘化元年（一八四四）二月二十七日のことで、彼は大山阿夫利《おおやまあふり》神社（現在、神奈川県伊勢原市）に参詣に行くと書き置きを残して行方不明になった。その後、下菅田村では二年間近くにわたって名主が不在という異常事態が続き、村政が円滑に運営できなくなった。名主出奔の原因は分からないが、清左衛門と村との軋轢が背景にあった可能性が強いと思われる。清左衛門にとって、こうした情況を長く続けることはできず、下菅田村でようやく新名主が任命されたのは翌年十一月のことであった。この時、かつて清左衛門と激しく対立した河原宇右衛門の長男豊八が名主に就任したが、豊八も弘化三年（一八四六）四月に、就任わずか五カ月で罷免されてしまった。豊八が罷免されたきっかけになった事件は、下菅田村の隣村の鳥山村の農民が酒依氏に夫食米《ふじきまい》（生活困窮の農民に与える米）を要求したことで、豊八が事件の処理をめぐって勝手な行動を取ったことが清左衛門の怒りを買った。

弘化二年（一八四五）の、鳥山村は大変な凶作で、毎日の食料を得られない農民が増加していた。そのため農民たちは酒依氏から夫食米を拝借することを決定し、直接、酒依氏の屋敷に出向き要求を伝えることにした。農民たちが村を出発したのは同年十月のことで、彼らは中原往還（中原街道。江戸と平塚を結ぶ）を使って江戸に出ようとした。農民たちのこうした行動は許されることではなく、農民たちの出立を聞きつけた豊八は彼らを追いかけることになった。豊八が農民たちに追いついたのは現在の横浜市港北区太尾町《ふとおちょう》付近で、豊八は農民たちから事情を聞き、彼らを解散させた。しかし、この時、豊八が清左衛門の承諾もなく酒依氏から夫食米三〇俵を出させると約束したことが後に大きな問題になった。

後に事件の経過を知った清左衛門は豊八の独断での行動を強く非難し、再び河原家から名主の身分を取り上げることを決定した。また、清左衛門は処分を決定するにあたって、豊八の父親であった宇右衛門のかつての行動についても批判を加え、河原家は二代にわたって酒依氏に「不実・不埒・不忠」であったと述べている。鳥山村の事件については「鳥山村騒ぎ立て候を無理に御地頭所（酒依氏のこと）に押し付け」と騒動発生の責任を酒依氏に押し付けようとしたと述べている。

確かに酒依氏の屋敷に知行地の農民が押しかけ要求を訴えることが幕府に知られた場合、清左衛門も幕府からなんらかの処罰を受ける可能性があり、豊八の行動はやむを得ない側面もあったと思われる。しかし、こうした事件が相次いで起こることに、酒依氏と農民たちの信頼関係はしだいに失われていくことになった。

### 郡内騒動が発生して

天保七年（一八三六）七月、清左衛門は御書院番頭から天保飢饉に関する御触を受け取った。この御触は関東一円の農民に対して出されたもので、飢饉に備えるために農民に倹約を求めたものであった。同様の御触は幕府代官からも幕府領の農民に触れられたが、旗本を通じても知行地の農民に通達された。御触では天保四年（一八三三）と同七年（一八三六）の両年にわたって、全国的に天候不順が発生し、これによって米を始めとする農作物が不作となったことが指摘された。村では夫食米の不足が問題になり、地域によっては餓死者が出るほどの状況になったと記されていた。このため幕府は農民に対し強く倹約を求め、農業に励むことを命じた。また、村を出奔して無宿人となった者の中に「悪党」（博徒）となり徘徊する者が急増していることが指摘され、村に「悪党」がやって来た際には直ちに届け出ることが命じられた。

禁止事項としては絹織物の着用や村芝居の開催が掲げられ、農民が武術の稽古をすることも禁止された。この触書は酒依氏から知行地の名主に通達されたが、清左衛門にとっても飢饉が全国的に広がっていることを知らしめるものになった。先述したように酒依氏の知行地においても、この頃から年貢金の徴収が限界を迎えつつあり、村役人からの「用立金」の調達も彼らとの軋轢を生み始めていた。清左衛門の日記に飢饉の発生に関する記述があるわけではないが、旗本たちを取り巻く状況はしだいに悪くなっていたようである。

ところで天保飢饉に関する御触が達せられた天保七年に、甲斐国の郡内地方を中心にして大規模な打ちこわし（郡内騒動）が発生した。打ちこわしとは、飢饉の発生に際して生活に困窮した人びとが米屋や質屋などを襲撃して、米の安売りなどを要求したことを言うが、江戸近郊での打ちこわしの発生は幕府に強い危機感を持たせたと思われる。先述したように酒依氏知行地の鳥山村でも弘化二年（一八四五）に、農民が酒依氏に夫食米の施しを求める行動を起こしたが、清左衛門にとっても打ちこわしの発生は無関心ではいられない事件であったと思われる。残念ながら郡内騒動が発生した天保七年の清左衛門の日記は残っていないが、騒動が発生したのは八月中旬のことであった。天保飢饉の影響は平野部よりも耕地が少ない山間部で顕著であったが、郡内地方も山の多い地域であり、多くの人びとが飢餓に苦しんでいた。また、地域の穀物商が米や麦を買い占めたことにより、農民たちの不満は穀物商に向けられることになった。

こうした状況下で、一軒の米屋が打ちこわされたことをきっかけとして一気に打ちこわしが拡大した。八月二十日に現在の山梨県大月市に蜂起した打ちこわし勢は、甲州街道沿いの二二カ村、約二千人に達し、二人のリーダーの下で行動を開始した。打ちこわしが本格化したのは二十一日で、打ちこわし勢は笹子峠《ささごとうげ》を越えて駒飼宿《こまかいじゅく》（現在、山梨県甲州市）に入り、以後、街道沿いで各地の豪農や富商を襲撃した。二十二日には熊野堂村（現在、山梨県笛吹市）の豪商奥右衛門の店が襲撃され、郡内地方で蜂起した農民は一部分引き上げたものの、この段階で打ちこわしは甲斐国全域に広がり、二十三日には数千人の打ちこわし勢が甲府城下（現在、山梨県甲府市）に迫った。

これに対し、幕府の甲府代官所では手付や手代（代官所の役人）を動員して防御に当たったが、この間、甲斐国はまったくの無政府状態に置かれた。打ちこわしがおこなわれた地域は、甲府城下のほか一〇六カ村に達し、半月の間に三〇五軒の豪農や富商が襲撃された。そのため処罰も厳しいものになり、死罪一三人（内、一一人が獄死）、追放九三人、総受刑者数は五六一人に達した。

一方、代官所の役人も処罰され、甲斐国に配属されていた甲府・石和・市川の三人の代官が左遷されたほか、配下の与力・同心・手付・手代も処罰された。また、江戸に近い津久井地方（現在、神奈川県相模原市）では打ちこわし勢が津久井地方に侵入するとの噂が流れ、警備のために小田原藩や津久井地方の幕府領を支配していた幕府代官江川英龍《えがわひでたつ》が同地域に出兵した。津久井地方は歩いて江戸からわずか半日の距離であり、同地方での騒ぎを清左衛門はどのように聞いたのであろうか。

## モリソン号事件の勃発

十九世紀に入ると日本には外国船が頻繁に来航するようになり、幕府はその対応に苦しむようになった。特に「首都」である江戸の前面に位置する東京湾への外国船の来航は大きな問題で、文政元年（一八一八）のイギリス商船ブラザーズ号の東京湾への来航以来、東京湾の海防の強化が積極的に図られていくことになった。にもかかわらず東京湾への外国船の来航は止むことなく続き、文政五年（一八二二）にはイギリスの捕鯨船サラセン号が浦賀沖に来航した。相次ぐ外国船の来航に対し、幕府は文政八年（一八二五）二月に「異国船打払令」を公布し、外国船が日本近海に接近した際に砲撃を加えることを認めることになった。こうして天保八年（一八三七）に、日本人漂流民の送還を目的に浦賀沖に来航したアメリカ商船のモリソン号に対して浦賀奉行所が管轄する平根山台場から攻撃がおこなわれた。

モリソン号が浦賀沖に姿を現したのは同年八月二十八日の昼近くで、外国船発見の知らせは三崎陣屋（現在、神奈川県三浦市）に詰めていた与力から浦賀奉行所に届けられた。当時の浦賀奉行は旗本の太田資統で、彼は幕府から三千石の知行地を与えられていた。報告を受けた太田は「異国船打払令」にもとづき攻撃を始めるために、浦賀湊の入口に設けられた平根山台場に出馬した。

モリソン号への攻撃が始まったのは同日の午後で、同船は江戸の方面に向けて逃走をはかり、最終的に台場からは見通せない地点に碇泊し夜を迎えることになった。太田は直ちに「見届船」（偵察するための船）を出し、モリソン号が出帆する様子が見られないことを確認した上で、同船の碇泊地点の近くに武器を移動した。モリソン号への再度の攻撃が始まったのは翌日暁のことで、浦賀奉行所の軍勢は再び激しい砲撃を加えた。この結果、太陽が昇り始めた頃、同船は碇を上げて東京湾の外に逃れることになった。

モリソン号来航当初、同船が来航した目的や同船の国籍などは分からなかったが、翌年になって長崎奉行の久世広正《くぜひろまさ》がオランダ商館長のグランドソンから話を聞き、同船が日本人漂流民の送還を名目に日本との通商を求めに来たアメリカ商船であったことが判明した。また、幕府内部では相次ぐ外国船の来航にどのように対処すべきかが大きな政治問題になった。さらに、同船の来航をきっかけに、モリソン号を攻撃したことに批判を加えた渡辺崋山《わたなべかざん》や高野長英《たかのちょうえい》らが処罰される事件（蛮社《ばんしゃ》の獄《ごく》）も発生し、日本は混迷の時代へと入っていった。当然のことながら清左衛門の耳にもモリソン号事件についての詳細が入っていたと考えられるが、彼は日記に事件についてまったく記していない。モリソン号の来航以降、東京湾には多くの外国船が来航し続けるが、一旦、外国船との間で戦端が開かれれば、御書院番士という武官の立場にある清左衛門にも出陣の命令が下される可能性があったが、外国船への砲撃があったことを聞いた彼の心中は如何なるものであったのだろうか。

## 清左衛門と大塩平八郎の乱

天保八年（一八三七）二月十九日、大坂東町奉行所の与力で陽明学者でもあった大塩平八郎《おおしおへいはちろう》が、天保飢饉によって生活が困窮している人びとのことを顧みない大坂町奉行や暴利を貪る豪商を批判するために武装蜂起するという事件（大塩平八郎の乱）が発生した。

事件のきっかけは、将軍交代の儀式に使用するための米が大量に大坂から江戸へ廻送されたことで、大塩は米の廻送を認めた大坂町奉行の跡部良弼《あとべよしすけ》（老中水野忠邦の弟）と米の買い占めをおこなった豪商に強い反感を持ったと言われている。当時、大坂でも米価が著しく高騰していたが、大塩は豪商に天誅を加えるべしとして、門下生と近隣の農民に檄文（罪人の悪行を掲げて自分の信義を述べた文章）を回して決起を呼びかけた。その後、大塩は十九日の午前に集まった人びとを率いて天満橋《てんまばし》（現在、大阪市北区）の屋敷を出発し、北船場《きたせんば》（現在、大阪市中央区）で三井や鴻池などの豪商の店を襲った。この時、大塩の軍勢は三〇〇人ほどに達したと言われ、彼らは「救民」（民衆を救うこと）の旗を掲げて豪商の店に大砲や火矢を放った。

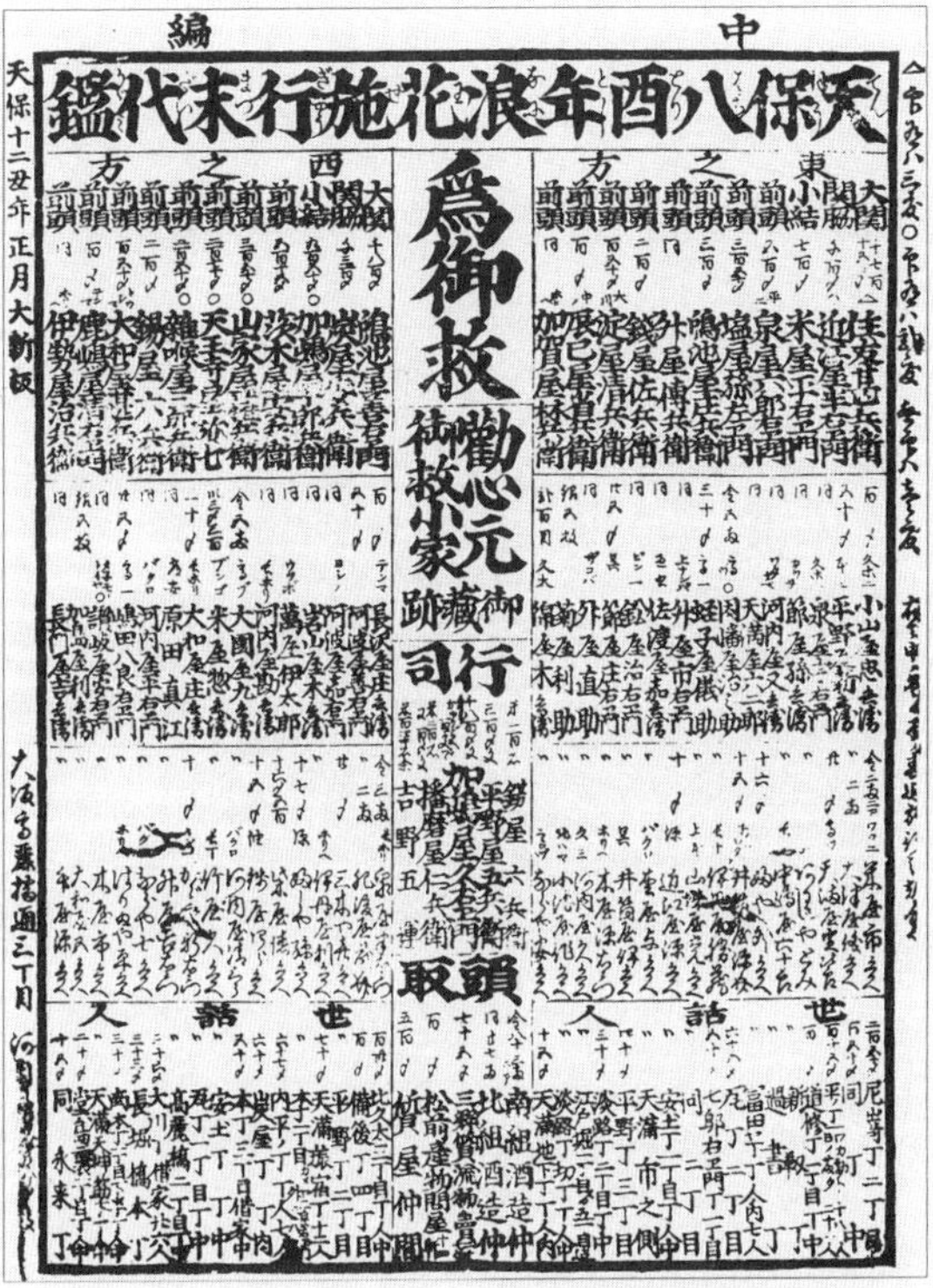


**図7　天保8年（1837）に施行をおこなった大坂の豪商を記した番付**　大塩平八郎の乱以後、大坂の豪商はこぞって貧しい人びとに施しをおこなった。　個人蔵

大塩の蜂起に対し跡部は部隊を出し、両者は内平野町《うちひらのまち》（現在、大阪市中央区）で衝突した。この結果、大塩勢は壊滅し、決起はわずか半日で鎮圧された。その後、大塩は大坂近郊の各所に潜伏し、最終的に現在の大阪市西区の商家に匿《かくま》われた。大塩が大坂城代の探索方に包囲されたのは三月二十七日で、大塩はこの日の早朝に潜伏先の商家で火薬を使って火を放ち自決した。

このように事件は短期間に鎮圧されたが、大坂という日本を代表する都市で幕臣が起こした事件として幕府に大きな衝撃を与えた。そのため江戸にも事件に関する情報が伝えられたと思われるが、同年の清左衛門の日記には事件に関する記述がない。その理由は分からないが、事件が江戸から遠く離れた大坂で起きたこと、与力という下級の幕臣によって起こされたことが、清左衛門にとって関心を持てなかった理由なのかもしれない。

ちなみに大塩が記した檄文が現在に伝えられているが、その中に清左衛門のような上級の旗本について記した箇所があり、「立身出世して重要な役職に就いている旗本の中には自分が贅沢することだけを考え、知行地の農民に次々に御用金を申し付ける者がいる。このために農民は重税に苦しんでいる」とある。清左衛門が大塩の檄文を読んだとは思えないが、彼が意識するしないにかかわらず「殿様」として知行地農民の上に君臨する旗本という存在を批判的に見る人びとが現れ始めたようである。

## 一二代将軍が就任して

御書院番士であった清左衛門にとって、天保八年（一八三七）に起こった事件の中でもっとも関心が大きかった事件は、徳川家慶が一二代将軍になったことであった。そのため彼の日記には将軍の交代についての記事が多く見られる。その最初の記事は同年四月二日で、将軍の後継者として江戸城の西丸に住んでいた家慶が将軍の居所である本丸御殿に引っ越したことを記したものであった。

この日、御書院番士たちは午前八時に家慶を迎えに出るために西丸に集まった。その後、家慶は御書院番士を率いて本丸御殿に入り、徳川家康から伝わった馬印《うまじるし》を見た後に老中ら幕閣に面会した。翌日、清左衛門は再び本丸御殿に上がり、家慶に拝謁した後に、虎ノ門付近にあった建物で開催された御書院番二番組番頭の曾我助順が主催した宴席に出席した。さらに、清左衛門は、八日に江戸城紅葉山に置かれた東照宮（徳川家康を祭る神社）を参詣した家慶の警衛にあたった。

この段階では家慶が正式に将軍に就任したわけではなく、その後、九月二日におこなわれる将軍宣下（天皇が新しい将軍を「征夷大将軍」に任命する儀式のこと）に向けての準備が進められた。また、一一代将軍の徳川家斉が、新将軍の誕生と同時に「大御所」になる祝儀のための儀式が相次いでおこなわれた。これらの儀式には御三家をはじめとする大名や旗本が出席し、御書院番士らの武官が江戸城の警備に当たった。

こうして江戸城では九月二日の将軍宣下の日を迎えたが、この日、仁孝《にんこう》天皇から派遣された勅使の徳大寺大納言・日野前大納言らが「宣旨《せんじ》」(天皇が命令を伝える文書)を持参し、儀式が滞りなく進められた。この日の清左衛門の日記には「江戸城に御三家・大名・諸役人のすべてが登城した」とあるだけで、彼が将軍宣下の時にどこにいたのかは記されていない。彼の日記に新しい将軍が就任したことに関する記述が再び見られるようになるのは九月四日以降で、この日、江戸城では京から下向した徳大寺らを饗応するために翁《おきな》や三番叟《さんばそう》などの猿楽(能)がおこなわれたが、清左衛門の日記には公卿たちの「御給仕」を命じられたと記されている。「御給仕」がどのような仕事をするものなのかは分からないが、公卿の接待役であったのかもしれない。これに加えて九月二十二日にも城内で猿楽が開かれ、この日も清左衛門は「御給仕」を命じられた。

これらの儀式の警備にあたった御書院番士に対する慰労のための猿楽が開かれたのは九月二十三日のことで、この日の清左衛門の日記には、猿楽見物に長男の又兵衛も出席を許され、午前六時頃に二人が登城したとある。猿楽見物の後、「紅葉の間」という部屋で「千人前料理」と呼ばれる料理が供され、清左衛門たちは夕方に帰宅した。長男と一緒の猿楽見物は清左衛門にとって自慢すべきことであったのかもしれない。さらに九月二十四日には新将軍の家慶が歴代将軍の墓所である増上寺に出向いたが、この日は二番組に属する番士がすべて随行し、増上寺において番頭・組頭・番士が整列して新しい将軍に拝謁した。

## 徳川家斉の死去

天保十二年（一八四一）閏《うるう》一月三十日、大御所の家斉が死去した。清左衛門が家斉の体調がかなり悪いことを聞いたのは閏一月十五日で、この日の日記には役人たちが西丸（家斉の居所）に最近詰め切りになっていると記されている。死去の当日は、西丸に詰めていた御書院番二番組番頭の朽木《くつき》綱常《つなつね》から番士全員の登城が命じられ、清左衛門は同輩の蜂屋半次郎や石黒鍵三郎とともに本丸の詰所に入っている。朽木が西丸から退出したのは午後四時頃で、その後、朽木は詰所において番士一同に大御所の薨去《こうきょ》を通達した。同時に朽木は本日から二一日間、喪に服すために「普請・鳴り物」（建物の工事と歌舞音曲）を禁止することを命じた。また、翌日に再び番士全員が登城することも命じた。おそらく二月二日以降も城内では大御所の死去にともなう儀式がおこなわれたと思われるが、清左衛門の日記を読む限り、二番組の御書院番士に特別な職務が命じられたことはなかったようである。

大御所の出棺がおこなわれたのは二月二十日で、家斉は上野の寛永寺の四代将軍家綱《いえつな》の墓所に合祀された。三月二日の清左衛門の日記には、二番組の御書院番士一同が寛永寺に入り、家斉の墓を拝礼したと記されている。また、三月十四日の日記には、家斉の院号が文恭院に決まったことを知らせる廻状が朽木から回されたとある。こうして家斉の死去にともなう一連の儀式は終了した。

ところで文政年間（一八一八〜一八三〇）以降の家斉は側近に政《まつりごと》をすべて任せるようになり、政治に関心を持たなくなったと言われている。それにともない彼の生活は華美なものとなり、将軍に接する機会の多い旗本の暮らしぶりも放漫なものになっていった。清左衛門の日記は、次章で紹介するようにそうした旗本たちの様子を具体的に教えてくれる。

# 第三章　日々の暮らしの中で

## 正月を迎えて

　酒依氏の当主が記した日記には一家の日常生活について具体的に記されている。また、日記から旗本がおこなう冠婚葬祭の儀式がどのようなものであったのかも具体的に知ることができる。ここでは日記を題材に酒依氏の当主と家族の暮らしぶりを紹介していくが、最初に天保八年（一八三七）正月に一二代清左衛門が記した日記を題材に、清左衛門の正月の様子を取り上げたい。

　一般的に役職に就いている旗本は元旦に登城したが、御書院番士である清左衛門も早朝から江戸城に向かい、一一代将軍家斉の居所である本丸と後継ぎである家慶がいる西丸に入っている（図8）。おそらく本丸と西丸ではなんらかの儀式があったと思われるが、日記には記されていない。下城したのは午後で、そのまま清左衛門が属する二番組番頭の曾我助順と組頭の榊原藤右衛門の屋敷に年始に向かった。夕方に帰宅した清左衛門は神棚に拝礼し、神棚の前で家族一同から新年の挨拶を受けた。ここでは家族と用人の織内に屠蘇《とそ》が振舞われ、その後、「表」の座敷で侍や中間、女中たちに屠蘇・吸物・酒が振舞われた。

**図8　江戸城に登城する旗本**（『風俗画報』1号より）　横浜開港資料館蔵

正月上旬過ぎまでは年始回りや屋敷での儀式が続くが、二日には早朝から雑煮が家族や家臣に振舞われ、午後からは長屋を貸している一橋家の家臣である大竹や屋敷に出入りしている大工が年始に訪れた。謡初《うたいぞめ》（新年に謡曲を催すこと）の儀式がおこなわれたのは三日の夜で、長男の又兵衛が「表」の座敷に向かい、用人や侍と謡曲の謡初をおこなった。四日は午前中をかけて清左衛門がお世話になった家に年始に出向き、午後から三河万歳の万歳師が屋敷を訪れている。三河万歳とは現在の愛知県の三河地方でおこなわれていた伝統芸能で、江戸時代後期になると新年を祝う芸能として万歳師が武家の屋敷を訪れて万歳を披露するようになった（図9）。酒依氏の屋敷では万歳師に銭と米一升を駄賃として渡している。

一方、四日から清左衛門は江戸城警備に登城したが、一月七日の七草までは着用する衣類が特別であったようで、日記には熨斗目《のしめ》（武家が着用する着物）と麻の裃《かみしも》を着るように番頭から指示されたとある。

また、七日からは出入りの商人が年始に訪れたほか、十日からは知行地の村役人が相次いで年始に訪れた。村役人には汁粉が振舞われ、合わせて雉の焼き鳥と鮒の吸物が屠蘇とともに供された。こうして正月の儀式はほぼ終了したが、最後に十一日の夜更けに、「表」の座敷で用人や侍との宴が催され、家臣一同とともに「流盃」（殿様が一同と酒を酌み交わすこと）がおこなわれた。

**図9　三河万歳**　（『江戸名所図会』巻2より）　横浜開港資料館蔵

## 酒依屋敷での年中行事

このように日記には屋敷での正月の行事が具体的に記されているが、二月以降の酒依氏の屋敷ではどのような行事がおこなわれたのだろうか。二月に入って最初におこなわれたのは初午《はつうま》で、同月九日から十日にかけて儀式が開かれた。初午の儀式とは、二月最初の午の日に稲荷社を詣でて家内の繁栄を願うことであるが、清左衛門は初午の宵宮《よみや》（前日の夜）に近所の稲荷社に参詣した。十日には屋敷で早朝から赤飯が炊かれ、家族一同で食したほか、長男の又兵衛が稲荷社に参詣した。

初午に加えて二月の行事としては彼岸があり、中日の十五日には牡丹餅が仏前に供えられた。また、秋の彼岸にも同様の儀式がおこなわれた。彼岸は先祖の供養と先祖へ感謝する儀式であるが、七月に入ると今度はお盆に関する儀式がおこなわれた。

屋敷でお盆の準備が始まったのは七月十三日で、この日の早朝から清左衛門は長男の又兵衛を連れて飯田町（現在、東京都千代田区）の草市（お盆の精霊棚《しょうりょうだな》や仏壇に供える飾り物を売る市）に出向き、お盆に使う品物を購入した。また、屋敷では清左衛門の妻が仏前に「御棚」を供えた。さらに、午前一〇時頃から清左衛門は菩提寺であった宗参寺《そうさんじ》（現在、東京都新宿区弁天町。後出八三ページ）に向かい、墓参をするとともに回向料や提灯を奉納している。

屋敷では十五日に蓮飯《はすめし》が炊かれ、仏前に供えられた。蓮飯は糯米《もちごめ》を蓮の葉に包んで蒸したもので、仏前に供えるものではあったが、屋敷では家族一同で食したほか、侍や中間にも下された。このほかお盆ほど大きな行事ではなかったが、七月七日には七夕の神事がおこなわれた。現在では短冊に願い事を記して葉竹に飾ることが広くおこなわれているが、酒依氏の屋敷では早朝に家族が神棚に拝礼し、その後、「表」の座敷で家臣から清左衛門が挨拶を受けるだけの儀式であった。おそらく氏神などに家内繁栄を願う儀式であったと思われる。

次に八月に入ると一日に八朔《はっさく》の行事がおこなわれた。八朔とは徳川家康が天正十八年（一五九〇）八月一日に江戸城に初めて入ったことを祝う日のことで、幕府は八朔（八月一日）を正月に次ぐ祝日としていた。そのため旗本の屋敷でも儀式がおこなわれた。酒依氏の屋敷では早朝に清左衛門が神前に拝礼し、その後、家族が続いた。同時に「表」の座敷では清左衛門が用人と侍から挨拶を受けた。日記を読む限り、清左衛門が登城することはなかったが、江戸城でもなんらかの儀式がおこなわれたと思われる。

八月の儀式としては、八朔に加えて十五日に十五夜がおこなわれた。この日は月見をする日であり、屋敷では団子が神前に供えられ、家族一同が集まって宴が開かれた。また、九月十三日には「後《のち》の月」と呼ばれる月見がおこなわれ、八月十五日と同様の儀式がおこなわれた。さらに、同月十四日と十五日には先述した神田明神の祭が開かれ、清左衛門の家族が見物した。一方、十月七日には玄猪《げんちょ》と呼ばれる儀式があった。これは猪が多産であることから子孫繁栄を願っておこなうもので、この日に亥《い》の子餅《こもち》と呼ばれる餅を食べる風習があった。酒依氏の屋敷では出入りの大工と長屋の住民であった大竹が餅を搗き、午後から一同で雑煮を食べている。また、偶然ではあるが、この日に清左衛門の妻が三男の源六郎を出産している。

日記に記された年中行事としては以上であるが、最後に年末の正月準備についても紹介したい。酒依氏の屋敷で翌年の正月の準備が始まったのは十二月十七日で、早朝に江戸城の警備から帰宅した清左衛門は長男の又兵衛と出入りの商人である平野屋栄太郎を連れて浅草寺（現在、東京都台東区）の歳の市に出掛けた。歳の市は浅草寺の境内で近隣の農民たちが正月用品を売った市であり、日記には「正月用品を残らず調達できた」と記されている。

また、同月二十日には又兵衛と平野屋が神田（現在、東京都千代田区）の青物市場に行き、野菜を購入している。さらに、この日、知行地の笠原村の村役人が屋敷を訪れ、鴨四羽と数百個の卵を持参した。おそらく鴨肉と卵も正月の準備と思われる。二十一日には清左衛門が菩提寺の宗参寺に墓参に訪れ、二十三日から二十四日にかけて餅搗きがおこなわれた。餅は鏡餅にされたようで、日記には二十五日に侍・中間・女中にも餅が下されたと記されている。

屋敷の掃除がおこなわれたのは二十八日で、三十日には年神（正月に屋敷を訪れる神様）の神札《しんさつ》を供える棚が作られ、妻が正月用の料理を重箱に詰めて元旦を迎える準備が完了した。

## 清左衛門の長女の結婚

嘉永四年（一八五一）に一二代当主清左衛門の長女の郁が結婚した。郁が結婚に至った経緯については清左衛門が前年に記した日記に詳しい。日記によれば清左衛門に娘の結婚についての話が持ち込まれたのは嘉永三年（一八五〇）八月四日で、相手は市ヶ谷にある月桂寺の門前（現在、東京都新宿区河田町）に住む旗本の徳永帯刀であった。徳永氏がどのような旗本であったのかは分からないが、当時の江戸の切絵図で、徳永氏が月桂寺の近くにかなり広い屋敷を拝領していたことが確認できるから、酒依氏と同格の旗本であったと推測される。

日記には縁談がどこから持ち込まれたのかが記されていないが、清左衛門の知人の紹介であったのかもしれない。清左衛門は長女の縁談について乗り気であり、日記には縁談が進められると良いと記されている。縁談の相談をするために徳永氏の家臣が訪ねてきたのは同月十一日で、これ以後、酒依氏の用人である小野利右衛門と徳永氏の家来との間で内談が進められた。八月十七日には持参金についての相談がおこなわれ、七〇両という金額が徳永氏から示されている。翌十八日の清左衛門の日記には郁の婚姻についてまとまりつつあると記されているから、この日に結婚することが決まったようである。

八月二十九日には親類書《しんるいがき》（両家の家族や親族についてまとめた書類）の取り交わし方についての協議がおこなわれ、九月十日には徳永氏の用人五評菅次が酒依氏を訪れ、先方の親類書が届けられた。一方、この日に清左衛門が小野を徳永氏に派遣し、小野は帯刀に面会するとともに親類書を渡している。十月七日には郁の縁談について幕府への届けがおこなわれ、清左衛門は「御城部屋」と呼ばれる所へ「縁組伺」を提出した。提出にあたっては酒依氏の家臣である侍と中間が書類を持参した。おそらく徳永氏からも同様の願書が提出されたと思われる。

一方、酒依氏の屋敷では郁の婚姻道具の購入が始まり、十月十二日には清左衛門の妻が長男の又兵衛と一緒に、現在の港区三田付近にあった丸竹屋という店に婚礼道具を買いに行った。十五日には日本橋大伝馬町《おおでんまちょう》（現在、東京都中央区）にあった松坂屋から加賀友禅の反物が届いたが、ここまでで婚礼費用は四五両に達した。その後も十一月上旬にかけて婚礼の準備が進められ、一日には大坂屋から長持が、四日にも同じ店から鏡と箱が届けられた。また、鏡の蓋には酒依氏の紋が彫り込まれた。

こうして婚礼準備は整ったが、この頃、清左衛門が病気に罹《かか》ったため、婚礼は少し延期された。日記によれば、清左衛門に病状があらわれたのは十月一日で、日記には痰と咳が出て吐血したとある。徳永氏では結納を急いだようであったが、病状が改善しない上に妻までが床に就《つ》いてしまった。再び婚礼に向けての準備が進み始めたのは年が改まった嘉永四年（一八五一）正月上旬のことで、両家の仲人が決められ、酒依氏側は窪田長左衛門という人物が、徳永氏側は三井善三郎という人物が仲人をつとめることになった。彼らがどのような人物かは日記に記されていないが、おそらく旗本であったと推測される。

ところで郁の婚礼準備にはかなりの金がかかったが、これらの金を負担したのは知行地の村々であった。下菅田村の鈴木家に残された文書には、嘉永三年（一八五〇）十二月に、清左衛門が郁の婚礼費用として二〇両を上納することを命じたことが記されている。この時、村々では容易に上納金を調達することができず、善後策を相談するため下菅田村名主の鈴木政右衛門が、羽根沢村名主とともに長期にわたって酒依氏の屋敷に留め置かれる事件が発生した。両村では村政の取りまとめ役がいなくなったため、神奈川宿の助郷をつとめる人馬の提供を始めとする御用に支障が生じた。村々では名主の帰村を清左衛門に願い出たが、郁の婚礼は知行地の村々の大きな負担になったようである。

### 郁の結納と婚礼

郁の婚礼に向けて両家の仲人が酒依氏の屋敷に集まったのは二月二日であった。この日、仲人の窪田と三井は、酒依氏が用意した料理を前に結納の日程を確認した。二月七日には清左衛門が作成した「申合帳《もうしあわせちょう》」（婚礼までの確認事項を記したもの）が窪田を通じて徳永氏に渡された。九日には徳永氏の家臣の五評が酒依氏の屋敷を訪問し、長男又兵衛と五評との間で、結納を十六日におこなうことが決められた。結納が徳永氏から届けられたのは同日の午後一時で、酒依氏では使者の五評に酒を供した。

また、十四日には郁が鉄漿《おはぐろ》を入れた。十九日には酒依氏が用意した郁の婚礼道具の目録が徳永氏に渡され、同時に郁が徳永氏の屋敷に移る日が決められた。こうして二月二十六日に郁は生まれ育った屋敷を出ることになった。郁の引っ越しに先立ち婚礼道具が徳永家に運ばれたが、清左衛門の日記によれば、二十三日に箪笥二棹・長持二つ・釣台（嫁入り道具を運んだ台）二つ・屏風などが送られた。また、長持を販売した大坂屋からは油単《ゆたん》（桐の箪笥のカバー）が当日に届けられた。婚礼道具の輸送には用人の小野が同行し、小野には清左衛門から祝儀として銭二五〇〇文が渡された。このほか婚礼道具の運搬に従事した中間や人足にも祝儀が下された。

郁が屋敷で寝起きする最後の日である二月二十五日の日記には「郁が自分で持っていく品物を買い整えた」と記されているから、最終的な準備がおこなわれたようである。こうして当日の二十六日を迎えたが、当日は昼前に酒依氏の二人の女中が「先番」として徳永家に向かった。酒依氏の屋敷には親族や知人が集まり、正午に届けられた仕出し屋の料理で宴席が催された。また、日記には郁の供として徳永家に同行する高山藤兵衛が祝儀として箱入りの鰹節を持参したと記されている。

郁の婚礼行列が徳永家に向けて出発したのは午後三時過ぎで、郁は程なく徳永家に着いたと思われる。郁の出発後、家族一同は「奥」の座敷に移り、家族による祝宴が催された。また、婚礼道具を準備した大坂屋ら出入りの商人にも「表」の座敷で酒が供された。その後、郁を徳永家に送っていった供の者が屋敷に帰り、彼らに対しても食事と酒が供された。徳永氏の屋敷でどのような祝宴が開かれたのかは分からないが、同様の祝宴が催されたと思われる。現在では結婚式の後に両家が一同に集まって披露宴が開かれることが一般的であるが、江戸時代の武家の場合、両家別々の祝宴が開かれたようである。

こうして郁の婚礼は終わったが、その後も日記には郁に関する記述が続いている。婚礼の翌日の二十七日には徳永氏から家臣の五評が酒依氏の屋敷に遣わされ、長男の又兵衛が面会したところ、郁が御機嫌良く朝を迎えたことが伝えられた。また、二十八日には婚礼から三日目の祝いの儀式として「三ツ目」がおこなわれ、両家それぞれが相手の家に対して干鯛を送った。また、二十九日には郁の雛人形の箱が徳永氏に追加の婚礼道具として送られている。さらに、三月二日には清左衛門が徳永氏に「初節句」として餅を送り、あわせて清左衛門の妻が菓子折りを送付した。

## 酒依氏と酒乱の婿

郁の婚礼後、酒依氏と徳永氏は親戚として交際していくことになるが、交際の始まりは「婿入り《むこいり》」と呼ばれる儀式で始められた。「婿入り」は婚礼後に初めて婿が妻の実家を訪問することで、徳永氏では六月二十五日に家臣の五評を酒依氏の屋敷に派遣し、清左衛門の長男の又兵衛と「婿入り」についての相談がおこなわれた。その結果、「婿入り」を二十八日にできるだけ手軽におこなうことが決まった。二十七日には婿の帯刀が持参する土産についての話し合いがおこなわれ、白木の台に鯛を乗せて持参することが決められた。当日には帯刀が午前八時過ぎに酒依氏の屋敷に入り、清左衛門との面会が「奥」の清左衛門の部屋でおこなわれた。その後、酒依氏の家族一同も帯刀に会い、菓子と茶が振る舞われた。また、七月二十八日には妻の実家である酒依氏の家族一同が徳永氏の屋敷を訪問する「舅入り《しゅうとい》」の儀式がおこなわれた。この日、清左衛門は早朝に妻と三人の息子を連れて徳永氏の屋敷に向かった。一行は夕方に帰宅するが、清左衛門らは久方ぶりに郁との面会を果たしたと思われる。

ところで「舅入り」についての相談が進められていた七月二十七日夜に、帯刀が激しく酩酊して清左衛門の家臣に訳の分からないことを話したという事件が発生した。清左衛門の日記には「婿が家臣に手前勝手なことばかりを話した」とあるが、彼は婿の所業に不安を感じたようである。

その後、八月二日には連絡もなく帯刀が酒依氏の屋敷を訪ね、勝手口から屋敷に入り酒を飲んで帰るという事件も発生した。さらに、八月十日には再び帯刀が酒依氏の屋敷を訪問したが、清左衛門の日記には、この時、帯刀は屋敷に置かれた弓道場で弓をおこないたいと申し出て、又兵衛とともに弓を引いたと記されている。日記によれば、帯刀はその後、又兵衛との酒宴で激しく酩酊し、席上、郁を離縁し近日中に実家に戻すと話したという。

「婿入り」と「舅入り」という儀式が終わったばかりの段階での帯刀の発言は許されるものではなく、清左衛門は翌朝、徳永の家臣の五評を呼び出したが、彼は体調不良を理由に清左衛門との面会を断った。事態が動いたのは八月十三日で、清左衛門の長男の又兵衛が、徳永の屋敷で帯刀に面会したところ、帯刀は十日の所業に対して詫びを入れた。また、十四日に再び又兵衛が帯刀に面会したところ、郁を離縁したいという発言について酒を飲んだために覚えていないことが判明した。

ここにおいて婿が酒乱であることが分かったが、帯刀は九月十五日にも酒依氏の屋敷を訪れ激しく酩酊するという不祥事を起こしてしまった。清左衛門の日記によれば、帯刀は「奥」で酒を飲み、繰り返し清左衛門と面会することを要求したと言う。帯刀の所業に立腹した清左衛門は面会しなかったが、婿の理不尽な所業は如何ともしがたかった。こうして九月二十一日に、清左衛門は又兵衛を徳永の屋敷に派遣し、帯刀の実母に面会させた。席上、又兵衛は帯刀の実母に「婿が酒乱では娘の行く末が不安であるので娘を返して欲しい」との清左衛門の言葉を伝えた。これに対し実母は「息子に意見するので猶予を願いたい」と回答した。屋敷に戻った又兵衛は実母の回答を清左衛門に伝え、酒依氏では事態を見守ることになったようである。

こうして帯刀の酒乱は、酒依氏と徳永氏の両家にとって大きな問題になったが、十月十三日には酒依氏から徳永氏に帯刀の酒乱を治療するために祈禱師を頼むことにしたいと申し入れた。その後、帯刀の酒乱がどのように治まっていったのかについては分からないが、一四代清之丞が慶応元年（一八六五）に記した日記では帯刀の飲酒に関する記述がないから、帯刀は禁酒することができたと思われる。

## 次男武之丞の死去

嘉永四年（一八五一）の清左衛門にとって、郁の結婚と並んで大きな事件は次男の武之丞が十月二十五日に病死したことであった。亡くなった年齢は分からないが、三男の源六郎が当時満一四歳であったから兄の武之丞は一〇代後半であったと推測される。発病前の武之丞については、清左衛門の日記に剣術・馬術・素読・算術の私塾に通っていたと記されている。特に剣術については熱心であったようで、二月十六日の日記には平岩という剣術道場から免許を受けたとある。彼が発病したのは六月三日で、日記には清左衛門に不快を訴えたと記されている。それまでの武之丞は眼病で剣術の道場を休むことがあったものの寝付くこともなく突然の発病であった。

酒依氏の屋敷では高田立民という医者が出入りの医者であり、以後、高田による投薬が続けられた。その後、七月上旬に武之丞の症状は一旦快方に向かい、高田は投薬を中止したが、七月九日の夜に彼は吐血し症状は一気に悪化した。十一日には鼻血と痰交じりの吐血があり、高田は薬を変えている。彼の病気が何であったのかは分からないが、症状から見て気管支か胸の病気と思われる。

その後、武之丞の病状は小康状態となり、七月中旬には平岩道場に顔を出せるまでになったが、七月二十四日に彼は再び不快を訴え、以後、床に就くことになった。この頃の清左衛門の日記には頻繁に高田から薬を貰っていることが記されている。また、八月十六日からは「揉み療治」をおこなう女性の医師が屋敷を訪れるようになった。二十一日からは高田や女性医師に加えて良甫という医師の投薬も始まったが、彼の病状はしだいに悪化していったようである。十月十六日には新たに知人の紹介で安江元礼という医師が屋敷を訪れ、武之丞の薬を変えることを勧めたが、清左衛門は高田の薬との併用を決めている。十月十八日には長男の又兵衛が武之丞の着物を持って祈禱師を訪ね、病気の回復を願う祈禱がおこなわれた。しかし、武之丞は回復することなく十月二十五日午後十一時頃に帰らぬ人となった。この日の清左衛門の日記には

武之丞容体あい替り候間、郁参り逢わせ候様致し度候間、徳永帯刀方江又兵衛相談に参る、夜四ツ時頃より俄かに様子あい変り、四ツ半時頃、病死致し候、残念の至りに存じ候

と徳永家に嫁いだ郁に連絡したことや次男の死を悲しむ様子が記されている。

武之丞の葬儀は菩提寺であった曹洞宗の宗参寺でおこなわれ、二十七日には武之丞の遺体が宗参寺に送られた(図10)。同日、次男の死去を伝える書類が御書院番頭に提出され、酒依氏はしばらく喪に服すことになった。また、菩提寺の宗参寺とは埋葬と戒名についての相談がおこなわれ、新たに清左衛門が三両で墓地を購入すること、戒名を「蘭秀院」とすることが決められた。こうして二十七日の夕方までに葬儀と埋葬が終了した。

二十九日からは知行地の村役人が屋敷に悔みのために出頭し、知人の来訪も相次いだ。初七日の法要がおこなわれたのは十一月四日で、この日も宗参寺で法要が執りおこなわれた。その後、墓碑についての相談が石屋とおこなわれ、四両の墓碑を同月十一日に建てることになった。十一月下旬からは

**図10　現在の宗参寺**　撮影：筆者

形見分けもおこなわれ、武之丞付きの中間には彼が使っていた帯が、彼の友人と思われる蒔田という人物には彼が飼っていた三羽の鳥（種類は不明）が贈られた。

## 酒依氏ゆかりの寺院

酒依氏ともっとも関係が深い寺院は菩提寺の宗参寺であったが、一二代清左衛門と一四代清之丞の日記には武蔵国高麗郡馬《ま》引沢《ひきざわ》村（現在、埼玉県日高市）にあった曹洞宗常円寺に関する記述がしばしば見られる。

常円寺が置かれた馬引沢村は、第一章で紹介した酒依氏の本家にあたる家が幕府から拝領した村であり、本家の三代目の当主酒依昌吉が関ヶ原の合戦の時の功績で、元和二年（一六一六）に幕府から与えられた村であった。また、本家は昌吉の没後に次男の吉政が継ぎ、この家は幕末まで酒依氏の本家として幕府に仕えた。一方、別家となった昌吉の長男の昌次も本家同様に幕府に仕えた。

常円寺には昌吉の墓所があったため、一二代清左衛門や一四代清之丞は本家の当主とともに常円寺と頻繁に交流した。年頭には常円寺の使僧が屋敷を挨拶に訪れ、先祖の法要についても常円寺から連絡があった。たとえば、清之丞が慶応元年（一八六五）一月二十五日に記した日記には、常円寺の前の住職であった高閑から高泰院と呼ばれる人物の二〇〇回忌があると連絡があり、清之丞が侍を常円寺に派遣したと記されている。高泰院は本家の三代目当主の昌吉の事と思われ、旗本の家では先祖の供養が長期間にわたっておこなわれたようである。

ところで慶応元年の日記には、常円寺の住職が長期にわたって不在であり寺の維持ができなくなったと記されている。酒依氏の一族にとって昌吉の墓所がある寺の荒廃は大きな問題であり、一四代清之丞は本家の酒依半次郎の家と連絡を取り合いながら新たな住職を探すことになった。一月十一日には常円寺の前の住職高閑と常円寺の近くにあった同宗の永源寺（現在、埼玉県坂戸市）の住職が酒依氏の屋敷に集まり「常円寺一条」について相談した。二十日には清之丞が本家に家臣を派遣し相談した。しかし、簡単には住職が決まらなかったようで、二十五日には清之丞の家臣が高閑を連れて馬引沢村に出向くことになった。その後、家臣は度々馬引沢村に足を運んだが、事態は好転しなかったようで、最終的に酒依一族は小松友三郎という人物を常円寺に常駐させ事態を打開することになったが、小松の斡旋もうまくいかなかった。

そのため清之丞は六月十五日に、高閑を再度住職にすることを提案したが、この提案に対しては曹洞宗の「法類」（同じ宗派の寺院や僧侶）からの反対が大きかった。「法類」と高閑との間で何があったのかは分からないが、住職が不在となった原因は「法類」と高閑との不和だったのかもしれない。

こうして事態は暗礁に乗り上げたが、最終的に現在の埼玉県越谷市にあった曹洞宗東陽寺の住職が仲介に入り、武蔵国比企《ひき》郡《ぐん》中山村（現在、埼玉県比企郡川島町）にあった玉宝寺の住職を常円寺の住職にすることが決定した。二十三日には清之丞が家臣を馬引沢村に派遣し、常円寺で新しい住職の任命式がおこなわれた。また、住職が居ない間に寺が荒れたのであろうか、寺の宝蔵を建て直したいとの要望が常円寺の世話人から清之丞に出され、清之丞は本家に相談するための使者を派遣している。

## 源六郎が生まれて

ここまで酒依氏の屋敷での結婚・葬儀・法要について紹介したが、次に少し時代を戻して天保八年（一八三七）に清左衛門の妻が出産したことを紹介したい。日記での出産についての最初の記述は同年五月十日で、この日に清左衛門は「妻が本日、戌《いぬ》の日に岩田帯（妊婦が胎児を保護するために腹に巻く白布）を付けた」と記している。酒依氏の日記だけでなく江戸時代には日の表記にも十二支を使うことが多かったが、武士の家では妊婦が妊娠五カ月目を迎えた戌の日に岩田帯を巻く風習があった。日記の記述はそうした風習を記したものであった。

　妻が男子を出産したのは十月七日午後四時頃で、その日の日記には知人の娘が妻の世話にやって来たと記されている。また、翌日には隆碩という医者が妻と子供の診察に訪れている。清左衛門は出産直後の十月九日に泊当番として登城することになっていたが、この日は登城を取り止めている。また、翌日も将軍家慶の外出に際しての警備に従事することになっていたが、「内々差合」（家庭の都合）で従事できないと届け出ている。

　その後、十月十三日には「七夜《しちや》の祝《いわい》」（出産七日目におこなわれる名付けの儀式）が開かれ、「奥」の座敷で家族一同が赤飯を食べている。また、生まれた男子（三男）は源六郎と名付けられた。同日の夕方からは出入りの商人や職人が出産を祝うために屋敷に集まると同時に、侍・中間・女中には料理と酒が供された。さらに、十月二十七日には妻が「枕直《まくらなおし》」（産婦が平常の生活に戻ること）をおこなった。

　一方、子供の出生については早急に番頭に届け出る必要があったが、第二章で述べたように、当時、酒依氏の屋敷では用人一家との軋轢があり、新たな用人が就任するという事件があったため、届け出が大幅に遅れたようである。十一月十五日の日記には同日まで届け出をしなかったため、御書院番士の同輩から注意を受けたと記されている。そのため清左衛門は、泊当番として登城する際に蕎麦と酒二升を持参し同輩に振る舞っている。また、届け出が遅れたことについては、清左衛門が病気であったために届け出ができなかったとした。これに対し、書類を番頭に仲介することになっていた宮崎三郎左衛門が「立腹」したようであったが、同輩が間に立ってなんとか治まったと日記に記されている。

ところで上記のように「正妻」が出産した場合と違って「妾」が出産した場合には、祝いの儀式などがおこなわれないことが多かったようである。たとえば慶応元年（一八六五）八月十三日、酒依氏の屋敷では「隠宅」で一三代当主又兵衛と「妾」との間に女子を出産した。この日の一四代当主清之丞の日記には「隠宅」で女子が生まれたと記されている。その後、日記を読む限り「七夜の祝」や「枕直」などの儀式がおこなわれた様子を窺うことはできない。出産した女子については、八月二十一日の日記に記述があり、女子を銀座（現在、東京都中央区）に住む大工の棟梁の家に里子に出したと記されている。女子は出産からわずか九日で里子に出されたことになるが、屋敷で生まれた子供たちの人生もさまざまであった。

## 屋敷への来訪者

清左衛門や清之丞の日記には屋敷を訪れた多くの人びとが登場する。その人数は年によって変わるが、多いときには年間のべ一〇〇〇人以上の人が屋敷を訪れている。嘉永四年（一八五一）を例に取れば、もっとも多く屋敷にやって来たのは知行地の村役人であり、名主や組頭が年頭の挨拶や年貢金の持参などで屋敷を訪問した。また、酒依氏から彼らが呼び出されることも度々であった。

これに加えて、この年は清左衛門と次男の武之丞が体調を崩したために、医者の高田立民が度々屋

**図11　酒依氏の屋敷があった場所の現況**　ビルの前の道は目白通り。JR飯田橋駅は左方向。　撮影：筆者

敷を訪れている。一方、酒依氏が薬を入手するために中間を高田の家に派遣することも多く、一時期は毎日のように中間が高田の家を訪れた。処方された薬は朝鮮人参が中心であったようで、日記には高田から人参を処方されたと記されている。また、高田は酒依氏の掛り付けの医者であり、家族だけでなく女中が不調を訴えた時も高田が診察した。さらに高田に加えて隆碩という医者も度々日記に登場し、清左衛門は隆碩を通じて「万金丹」（五倍子《ふし》やジャコウなどを練り固めた胃腸病の丸薬）を入手している。

次に屋敷出入りの職人や商人も日記に多く登場した。毎月、屋敷にやって来るのは精米をする搗屋の信濃屋であり、彼は屋敷の一角に置かれた蔵から玄米を出し屋敷で食べる白米を作った。また、桶屋の清吉という職人は清左衛門の求めに応じて手洗い用の桶などを屋敷に出向いて製作している。さらに、植木屋の芳五郎が庭の手入れに来訪したほか、清左衛門は彼から鉢植えの梅や蘇鉄を購入している。

珍しい職人としては時計師があり、三月十四日に女中が床の間に置いてあった和時計を誤って壊した時に、山口次郎右衛門という時計師が修理のために屋敷に呼ばれている。このほか日記には次郎吉という人物が度々登場し、井戸替え（井戸の水を汲み上げて井戸を掃除すること）の仕事や台所の流しを修繕する仕事を請け負っている。四月十日の日記には次郎吉が井戸替えを二両で請け負ったと記され、その後の日記には彼が人足を連れて数日間にわたって作業したことが記されている。また、嘉永四年（一八五一）の日記には登場しないが、天保八年（一八三七）の日記には同年に大規模な屋敷の修繕をおこなったため大工の定次郎が恒常的に屋敷を訪れている。

屋敷には職人に加えて商人も多く訪れ、定期的に炭屋が炭を納品したほか、日記には大坂屋勘七と三河屋佐兵衛の二人の商人が出入りの商人として登場する。

この内、大坂屋は郁の婚礼に際して長持や油単を準備した商人で、婚礼用品だけでなく恒常的に屋敷に出入りしている。扱い商品としては武具が多く、四月二十一日には長男又兵衛の長刀《なぎなた》を持参したほか、五月十五日には同じく又兵衛の脇差を持参している。

一方、三河屋の扱い商品は衣類であり、四月十三日の日記には三河屋から帷子《かたびら》と浴衣および妻の羽織地を購入したと記されている。また、五月三日の記事には三河屋が商品を持って屋敷を訪れたが、良い品物がなかったので再度商品を持って来訪するようにと申し付けたとある。おそらく三河屋も出入りの商人として恒常的に商品を持って屋敷を訪問していたと思われる。日記には二人の商人以外にも数人の商人が登場するが酒依氏と恒常的に取引があったわけではないようである。

このほか屋敷には清左衛門の友人と思われる人物や御書院番士の同輩、さらには親戚の人びとも訪問した。この内、御書院番士であることが確認できる人物としては窪田燕六郎・揖斐駒次郎・大久保鉄之丞・諸星弁之丞がいた。また、郁の仲人をつとめた窪田長左衛門は清左衛門の友人であったようで、三月二十日の日記には窪田が清左衛門所持の湯釜を貸して欲しいと言ってきたと記されているから、大切なものを貸し借りするような関係であったようである。柴田善一郎と池田大学という御書院番士と思われる武士も親しい友人であったようで頻繁に屋敷を訪ねている。

これに加えて屋敷には酒依氏ゆかりの寺院の僧侶や神社の神主・祈禱師なども来訪した。僧侶については既に紹介したので省くが、神主については一月二十日に鈴ヶ森八幡宮（現在、東京都品川区）の神主が御祓の札（災厄を除くためのお札）を持参したほか、三月二十四日には湯島天満宮（現在、東京都文京区）の摂社である戸隠神社がお札を持参している。また、祈禱師の三戸石見という人物が時々屋敷を訪れ、特に七月二十六日には次男の武之丞が病気になったこともあったのであろうか、屋敷内の各所でお祓いをしている。

## 清左衛門家の物見遊山

酒依氏の屋敷では当主や家族が遊興を兼ねて社寺参詣をおこなうことが多く、時には現在と同様に観光地に出向くこともあった。ここでは天保八年（一八三七）と同十二年（一八四一）および嘉永三年（一八五〇）の清左衛門の記した日記を題材にして、彼らがどのような物見遊山をしていたのかを紹介したい。

第一に日記の記述でもっとも多いのは社寺への参詣で、第二章で紹介した川崎大師や神田明神への参詣が恒常的におこなわれている。このほか酒依氏の屋敷では、初午前後の二月に王子（現在、東京都北区）の稲荷神社に出向くことがあった。王子では神社が置かれた飛鳥山に多くの茶店や料亭が軒を並べていたが、清左衛門は天保八年（一八三七）二月二十七日に家族を連れて飛鳥山を訪れている（図12）。

また、現在の東京都港区に置かれた金刀比羅社にも家族が参詣することがあった。この神社は四国の丸亀藩が本社から分社したもので、通常は一般には公開されていなかった。しかし、毎月一〇日に一般の参拝を許したため、この日に「招福除災」を祈る人びとが訪れた。酒依氏では天保八年（一八三七）三月十日に長男又兵衛が妹らを連れて参詣している。また、浅草の浅草寺に参詣することも多く、境内で開かれる市に清左衛門や家族が訪れることも度々であった。

このほか日記に記された社寺としては、牛込（現在、東京都新宿区）にあった天台宗行元寺《ぎょうがんじ》や神田明神の境内にあった牛頭天王《ごずてんのう》三社があり、清左衛門や家族が参詣している。この内、行元寺には天保八年（一八三七）七月十六日に又兵衛と次男の武之丞が参詣し、日記には同寺の閻魔像を参拝したとある。嘉永三年（一八五〇）の日記によれば、清左衛門は六月十日に供を連れて神田明神の境内にある牛頭天王三社を参詣した。また、同年八月五日には清左衛門が次男の武之丞を連れて増上寺に出向き、同寺の黒門（表門）の近くにあった茶店で休息した。増上寺の帰りには通二丁目（現在、東京都中央区）の

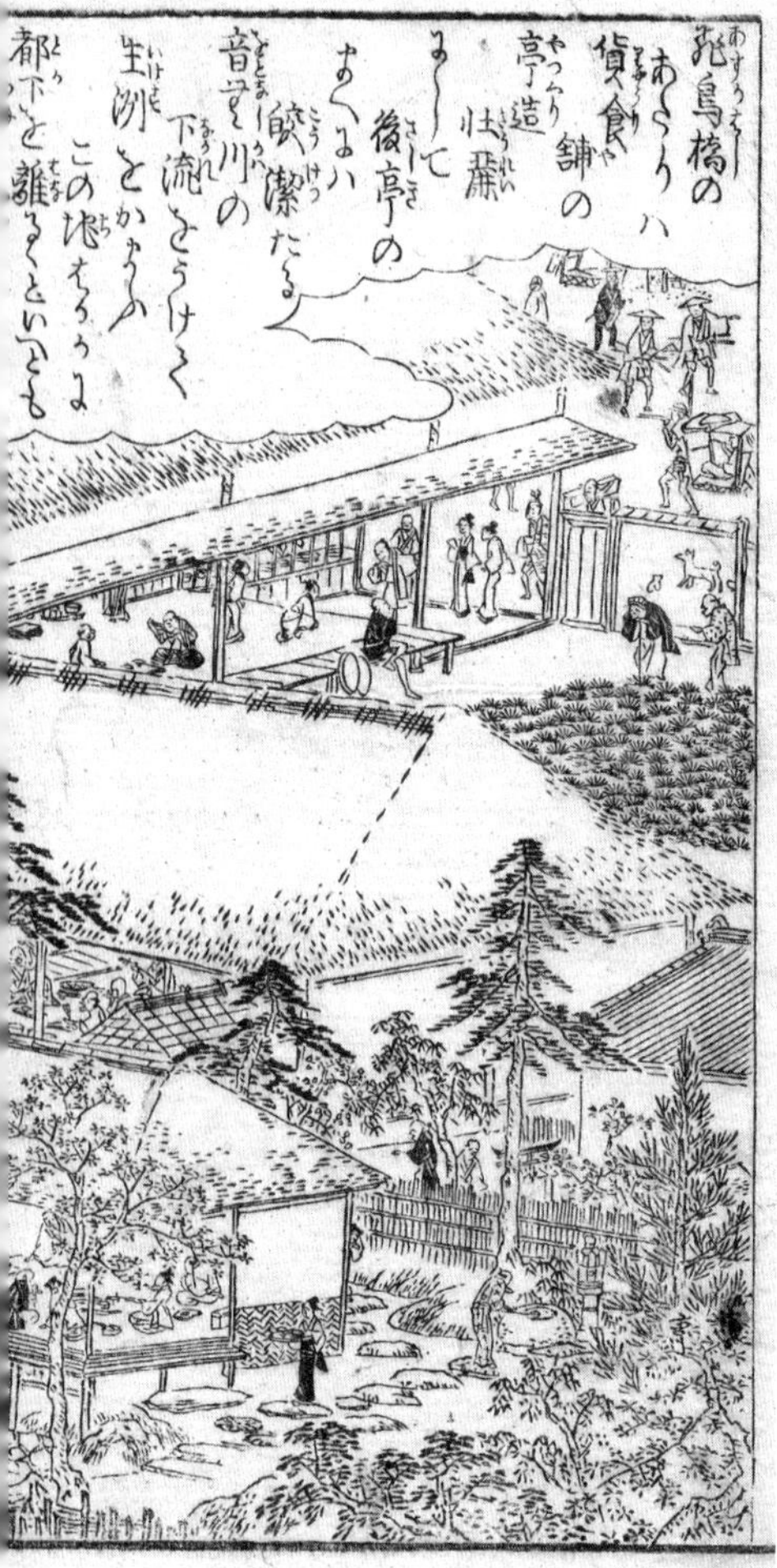

**図12　江戸時代の王子**（『江戸名所図会』巻15より）　横浜開港資料館蔵

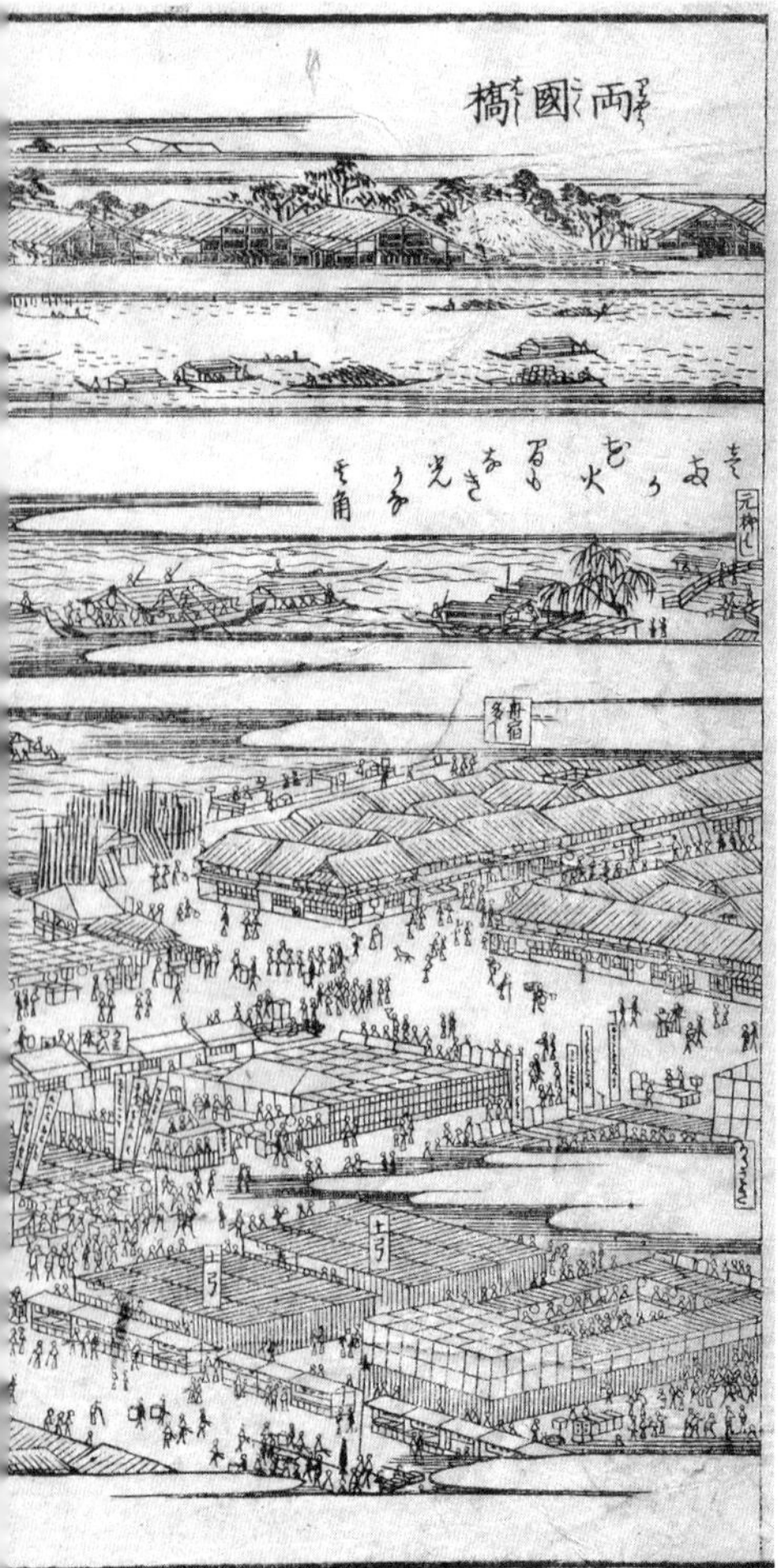


履物屋で下駄を二足買っているから増上寺の参詣は買い物を兼ねたものであった。こうした社寺参詣は信仰からおこなわれたものではあったが、帰りには茶店に立ち寄り家族一同で料理を食べることも多かったから、彼らの楽しみのひとつであったことは間違いない。

このほか遊山としては神田川や墨田川（隅田川）での船遊びがあった（図13）。たとえば、天保八年（一八三七）八月四日、清左衛門は友人の柴田善一郎と池田大学に誘われて牛込の船宿に出向いている。当時、牛込と呼ばれた地域は、現在の東京都新宿区の市ヶ谷から神楽坂一帯のかなり広い範囲を指し

**図13　墨田川に架けられた両国橋**　この地点で神田川は墨田川に合流した。
(『江戸名所図会』巻2より)　横浜開港資料館蔵

たが、船宿への訪問は神田川での船遊びを目的としたものであった。

日記によれば清左衛門は酒を一升持参し、酒を飲みながら船から打たれる網を見物している。網漁によってどのような魚が捕れたのかは分からないが、船上で鰻などの捕れた魚を食べることができたのかもしれない。費用については一人二両二朱とあり、現在の感覚では一人一〇万円といったところであろうか。一方、天保十二年（一八四一）四月十六日の日記には、清左衛門が友人とともに遠距離の船遊びに出掛けたことが記されている。この時も彼らは牛込の船宿で船を雇い、神田川の河岸から乗船した。

計画では川沿いの社寺を参拝しながら船遊びを楽しむ予定であったが、天候が悪かったために、社寺参詣は予定通りにはいかなかった。しかし、船旅はおこなわれたようで、日記には神田川から墨田川に入り、墨田川を下ったと記されている。その後、船は墨田川から小名木川（現在、東京都江東区の北部を流れる川。墨田川と旧中川を結んでいた）を経て、最終的には現在の千葉県市川市付近（江戸川流域）まで行き、一行は夜遅くに船宿に戻ることになった。

## 日記に記された食品

酒依氏の日記には多くの食品が記載されている。たとえば一二代清左衛門が天保八年（一八三七）に記した日記には一四八カ所にわたって食品が記されている。その多くは屋敷への訪問者に供された食

であるが、江戸の近隣では現在の静岡県の伊豆半島や愛知県の海岸部でも鰹節が作られた。おそらく酒依氏では土佐を始めとする地域で生産された鰹節を贈答品にしたと思われる。

さらに、砂糖についてはサトウキビや砂糖大根から作られた砂糖が大坂市場に集荷され江戸に送られることが多かったから、こうした砂糖を購入したと考えられる。このほか日記には鮨・鯰の蒲焼・蕎麦・饂飩《うどん》・沢庵などが登場するが、蕎麦と饂飩は屋敷で打ったものであり、沢庵も十二月三日の記述に「沢庵を漬け込んだ」と記されているから屋敷で漬け込んだようである。

天保八年（一八三七）は前年の飢饉がやや収束したとは言え、全国的には飢饉状態が続いていた段階であったが、酒依氏の食生活は日記を読む限り飢饉が進展する中にあっても贅沢なものであったように感じられる。

# 第四章　幕末動乱の時代の中で

## ペリー艦隊の日本派遣

十九世紀の半ばに太平洋岸まで領地を拡大したアメリカでは日本への関心が高まっていた。アメリカの人びとの中にはカリフォルニアと上海を結ぶ北太平洋横断航路を開設し、日本を航路の寄港地にしたいと考える人もいた。また、彼らの中には、フィルモア大統領に対して日本に向けて艦隊を派遣し、日本と通商条約を結ぶべきであると発言する人びとも現れた。さらに、この頃、アメリカでは日本に漂着したアメリカ捕鯨船の乗組員が、日本で非人道的な待遇（監禁）を受けているとの風聞が広がった。

こうしてアメリカ国内では日本と国交を開くべきとの世論が高まり、日本へ使節を派遣する準備が進められた。マシュー・ペリーが海軍省から東インド艦隊を率いて日本に遠征せよとの命令を受けたのは、嘉永五年（一八五二）閏二月四日で、この直後からペリーはアメリカ東インド艦隊司令長官として艦隊の編成に着手した。

アメリカの国務長官代理のコンラッドの訓令がペリーに届いたのは同年九月二十四日で、訓令は海軍長官のケネディを通じてペリーに伝えられた。訓令では、日本に漂着した捕鯨船乗組員の日本での待遇が問題にされ、「不幸な乗組員をあたかも狂暴な犯罪者のように取り扱う国があるとするならば、そのような国は人類共通の敵である」ことが示された。また、アメリカがこれまでにも増してアジア諸国と関係を強化することが求められるようになったと述べた。

アメリカ政府では訓令に基づき日本への遠征計画が作られたが、ペリーに対しては東京湾内に艦隊を集結させ、圧倒的な軍事力を背景に日本と交渉することが命じられた。こうして訓令を受けたペリーが蒸気軍艦のミシシッピ号に乗船し、アメリカ東海岸のノーフォーク港を出発したのは嘉永五年（一八五二）十月十三日のことであった。

大統領フィルモアの開国を求める国書（大統領が発した外交文書）を持ったペリーが、四隻の軍艦（ミシシッピ号とサスケハナ号の二隻の蒸気軍艦とサラトガ号・プリマス号の二隻の帆走軍艦）を率いて東京湾に姿を現したのは嘉永六年（一八五三）六月三日で、相模湾を東に進んだ艦隊は昼頃に東京湾の入口に停船した。その後、艦隊は午後五時過ぎに浦賀沖に錨を下した。

主席老中の阿部《あべ》正弘《まさひろ》のもとに艦隊出現の報告が届いたのは同日の夜遅くで、六日には国書を受け取る方針が決定した。また、警備陣にはできるだけ戦闘を避けるようにとの指示が伝えられた。一方、東京湾の警備を強化するため、従来から警備にあたっていた川越・彦根・会津・忍《おし》の四藩に加えて、熊本・福井・徳島・高松・長州・姫路・柳川の七藩にも東京湾の防衛が命じられた。こうして東京湾は

**図15　四谷見付**（『江戸名所図会』巻9より）　横浜開港資料館蔵

著しい喧噪に包まれることになった。また、御書院番士にも六月八日に全員の登城が命じられ、各自が兵糧を持って詰所に集まることが指示された。この時、発せられた老中の命令書には、従者を引き連れて登城すること、甲冑ではなく陣羽織と袴を着て警備にあたることが記されている。

当然のことながら酒依氏の屋敷にも老中の命令が届いたと思われるが、一二代清左衛門はペリー艦隊来航直後の七月に病死しているから実際の警備にはあたらなかったと思われる。しかし、六月十日には高輪・芝（現在、東京都港区）・築地（現在、東京都中央区）などの江戸の海岸部に屋敷を持つ大名や旗本に対して、戦闘が始まる恐れがあるために妻子や老人を疎開させよと命じられているから、酒依氏の屋敷でもかなりの緊張感を持ったと思われる。また、後に外国奉行をつとめた旗本鳥《とり》居忠善《いただよし》の家臣が江戸市中の様子を記した手紙（群馬県みどり市吉田重雄氏蔵）には、兵糧米や火事装束が大量に買い占められていること、「見付」（四谷見付（図15）や赤坂見付など江戸城を防衛するための施設）と呼ばれる警備拠点に武士が多く集まっていること、大名や旗本が町人までを雇い入れ戦闘に備えていることが記されている。

こうした騒動の中、江戸城では国書をどこで受け取るべきかの議論が始まっていたが、最終的に六月六日に久里浜（現在、神奈川県横須賀市）で受け取ることが決められた。この方針に従って九日午前九時頃にペリーは三〇〇人の将兵を率いて久里浜に上陸した。上陸地点には藁を詰めた袋で作った埠頭があり、埠頭から艦隊乗組員は続々と陸に上がった。そこには幕府が建てた建物があり、この中で大統領の国書は戸田氏栄《とだうじよし》と井戸弘道《いどひろみち》の二人の浦賀奉行に渡された。こうしてペリーは役目を果たし、国書の返答を受けるために来年再来することを予告して東京湾を退去した。

艦隊が東京湾を出たのは六月十二日の朝で、東京湾に艦隊が姿を現してから退去するまで一〇日間にすぎなかったが、ペリー艦隊の来航は日本の歴史の大きなターニングポイントになった。この時から幕末の動乱の時代が幕を開け、酒依氏ら旗本の暮らしも動乱の時代の中に巻き込まれていくことになった。

## 御書院番頭の上申書

ペリーが持参したフィルモア大統領の国書には日本がアメリカと国交を結ぶべきであると記されていた。また、アメリカには日本を侵略する意志がないこと、アメリカの蒸気船が一八日間で太平洋を越えて日本に至ることができることが示された。さらに、日本については、鎖国状態にあることは承知しているが、時勢に応じて方針を変えるべきであると説得していた。一方、アメリカと東アジアとの関係については、多くのアメリカ船がカリフォルニアから中国に向けて出航していること、同時に捕鯨船も日本近海に多く出漁している現状が述べられた。また、日本近海でアメリカ船が難破した際には、幕府によって乗組員の生命と財産が保護されることを要求した。さらに、アメリカ船が日本の港で石炭・食料・水を補給することを求め、これに対し金銭か物々交換で対価を支払う用意があると述べた。

国書は日本の外交方針の大きな転換を求めたものであったが、幕府は、その対応策を決定するにあたって、すべての大名と上級の旗本に国書を公開し意見を求めた。国書が公開されたのは、嘉永六年(一八五三)六月二十六日から七月一日にかけてで、江戸城に集められた大名や旗本は、老中らが列席する中で国書の翻訳を渡された。御書院番頭に国書が公開されたのは六月二十六日で、老中はアメリカの要求を詳しく説明し、「国家の一大事」であるので諮問をおこなうと述べた。また、上申書の提出は義務ではないが、上申する場合は従来の枠にとらわれることなく率直に見解を述べよとした。

これに応じて大名や旗本の中から国防に関する上申書を幕府に提出する者が相次いだ。残念ながら酒依氏では一二代清左衛門が病床にあったため、どのような対応をしたのかは分からない。また、一三代又兵衛の日記も残っていない。しかし、清左衛門の上司にあたる御書院番頭が記した上申書が残されているので(『幕末外国関係文書之二』所収)、幕府の武官が諮問に対してどのような方針で臨んだのかを窺うことができる。

御書院番頭の上申書は、七月上旬に記されたと思われる。上申書の筆者は一〇名の番頭で、すべての番頭が協議して上申書を作成した。また、この中には清左衛門の上司であった二番組番頭の土岐朝《ときとも》昌《まさ》も含まれていた。上申書は長文であったが、その結論はアメリカとの国交を結ぶべきではないというものであった。その理由としてアメリカに通信(正式の国交を結んだ国、朝鮮と琉球がこれにあたる)や通商(国交がなく通商関係だけを結んだ国、オランダと清国がこれにあたる)を認めた場合、アメリカ以外の西洋諸国も日本との国交を結ぶことを要求するようになり際限がなくなることを挙げている。また、当面、アメリカには一二代将軍の徳川家慶が死去したばかりで決定がすぐにはできないと回答し、時間を稼ぐ間に防備を固めるべきとした。さらに、外交問題については、御三家や「溜間詰《たまりのまづめ》」(将軍や老中の諮問に答えることができる譜代大名)の大名の決定に従いたいとした。

御書院番頭の上申書は、特に見るべき点はないが、酒依氏のような武官の家柄の意見を代表するものであったと思われる。この時の老中の諮問に対して、勝海舟《かつかいしゅう》が清国・ロシア・朝鮮に貿易船を派遣

**図16　ペリー艦隊のポーハタン号**　この船はペリー艦隊再来航時の旗艦であった。（『黒船来航画巻』より）　横浜開港資料館蔵

し、その利益で軍艦を建造することや旗本の軍備を西洋式のものに改めることなどを記した上申書を提出したことは良く知られているが、それにくらべて御書院番士の人びとの意識は、時代遅れなものになっていた。

## ペリー艦隊の衝撃

ペリー艦隊が予告通りに再び東京湾に姿を現したのは、翌安政《あんせい》元年（一八五四）一月十六日のことであった。老中の阿部正弘は、浦賀奉行の伊沢政義《いざわまさよし》にペリーと交渉することを命じ、一月二十五日には浦賀での日米交渉が開始された。交渉の議題は、国書に対する回答をどこでおこなうかであり、最終的に一月二十八日に横浜村（現在、横浜市中区）で回答することが決定した。その後、江戸城では国書に対する回答についての協議が進められ、二月六日には当面、難破船の救助と食料・水・薪の補給を認めることを決定した。こうして二月十日には横浜村で第一回目の日米交渉が開かれ、林復斎《はやしふくさい》を代表とする日本側全権委員は応接所（日米交渉をするために幕府が建てた建物）において、難破船の救助とアメリカ船への物資補給を認めたことを表明した。

詳しい検討は今後の交渉課題になったが、この日に幕府はアメリカとの間で国交を開くことを宣言したことになる。これに対しペリーは日本側の提案を原則として了承し、通商（貿易をすること）の開始については強く主張しなかった。その理由は明らかではないが、ペリーの最大の目的は日本を国際社会に登場させることであり、通商はその後の問題と考えていたためと思われる。

その後の交渉ではアメリカ船が入港できる港についての協議がおこなわれたが、この点については二月三十日に、下田（現在、静岡県）と箱館（現在、北海道）をアメリカ船に対して開くことが決定した。こうして、翌日からペリー側の通訳と幕府の通詞が共同で条約文の作成に着手し、英語・オランダ語・漢文・日本語の条約文が作られていった。日米和親条約が締結されたのは三月三日で、応接所に入ったペリーは英語で記された条約に署名し、ペリー側の通訳がサインしたオランダ語と漢文の写しが日本側に手渡された。一方、日本側からも全権委員が花押を記した日本語の条約およびオランダ語と漢文の写しがペリー側に渡された。条約締結は日米双方が同じ書面に署名した原本が存在しないという変則的なものであったが、ともあれ日本とアメリカの国交が結ばれた。

ところで前年から続いた日米交渉の過程で、日本人に衝撃を与えた最大のものは、アメリカの軍事力の強大さであった。そのひとつは蒸気軍艦であり、当時の日本人は黒い煙を吐き疾走する「黒船」に驚きの声を上げた。たとえば現在の神奈川県茅ヶ崎市に住んでいた藤間《とうま》柳庵《りゅうあん》という人物は、ペリー艦隊の第一回目の来航に際して「黒船」を見た驚きを著しているが（「太平年表録」）、蒸気軍艦の巨大

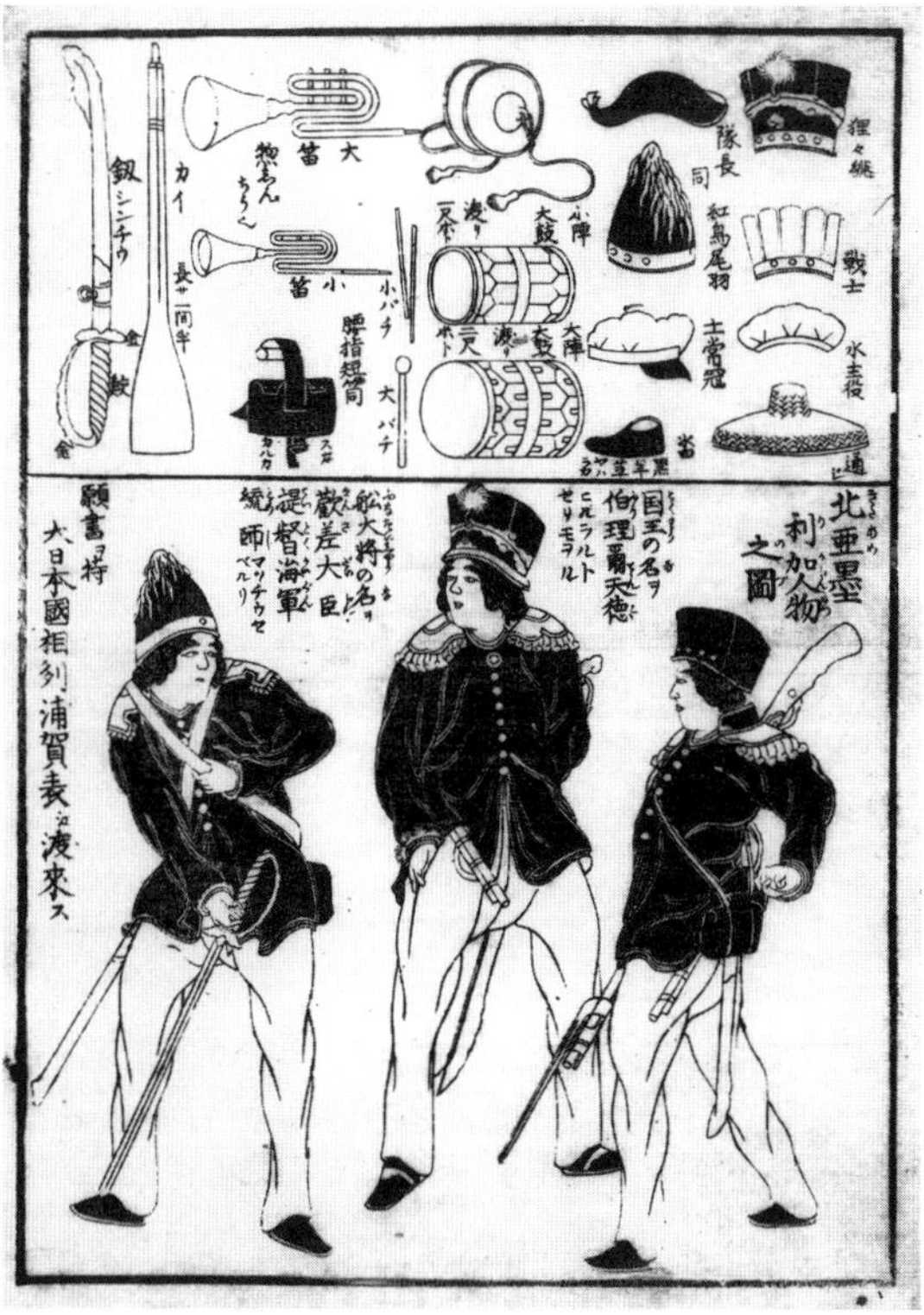


**図17　ペリー艦隊の兵士を描いた瓦版**　横浜開港資料館蔵

さを「雪中城郭を眺むに等し」（雪の中で城を見たようなものであった）と記している。また、「黒船」が石炭を使って「一時に二十里」（二時間に約八〇キロメートル）の距離を走ると、その速さに驚いている。

一方、日本人は軍艦に搭載された大砲の強力さにも目を見張り、安政元年（一八五四）一月二十五日に、ペリー艦隊が初代アメリカ大統領のワシントンの誕生日を祝って一斉に祝砲を発射した時の砲声を聞いた沿岸住民の記録には、日本の大砲の数倍の音が響いたと記されている。その音は千もの雷が落ちたようだと記した記録もある。さらに、上陸したアメリカの水兵が行軍する様子については、軍楽隊が鳴らす笛や太鼓の音に合わせて一斉に歩く近代的な軍隊の姿に驚いたと記したものがあった。ペリー来航後、幕府は軍事のあり方を改革していくが、日米和親条約締結の過程でアメリカ軍の様子を身近に見たことが、改革をおこなうきっかけのひとつになったと思われる。

## 国際化が進む中で

日米和親条約の締結後、日本の国際化は急速に進んだ。安政元年（一八五四）八月二十三日にはイギリス東インド艦隊司令長官のスターリングが長崎に来航し、幕府はイギリス船に対して長崎（現在、長崎県）と箱館を開港した（日英和親条約）。同年十二月二十一日には下田において、ロシアのプチャーチンとの間で日露和親条約が結ばれ、長崎・箱館・下田にロシア船が入港することになった。

安政三年（一八五六）七月二十一日にはアメリカ総領事タウンゼント・ハリスが下田に到着し、下田の玉泉寺にアメリカ総領事館が開設された。ハリスの使命は日本における自国民の保護と通商条約の締結で、これ以後、ハリスは通商条約の締結に向けて活動することになった。幕府が貿易開始に向けて動き出したのは同年八月四日で、この日、老中の阿部正弘は海防掛（国防を担当する役職）や長崎奉行・浦賀奉行・下田奉行などの遠国奉行（幕府の重要直轄地を支配する奉行）に対し、西洋諸国との貿易について協議することを命じた。

命令を発するに際して、阿部は西洋諸国が日本との貿易開始を望んでいることを指摘し、「今後、これまでの方針を変更して外国へ船舶を送り、貿易を開始する可能性がある」と述べた。また、当時、長崎からオランダに輸出していた銅を含めて、どのような商品を輸出することができるのかを調査せよと命じた。さらに、幕府は同年十月二十日に新たに外国貿易取調掛（西洋諸国との貿易を担当する役職）を設置した。外国貿易取調掛を指揮したのは老中の堀田正睦《ほったまさよし》（佐倉藩主）で、彼は「蘭癖《らんぺき》」（蘭学を重視すること）と称された大名であったから、外国貿易取調掛の設置は、幕府が貿易開始に向けて積極的に動き出したことを内外に示すことになった。幕府がハリスとの間で日米修好通商条約を結んだのは安政五年（一八五八）六月十九日で、その後、幕府は同年十月までにオランダ・ロシア・イギリス・フランスとも通商条約を結んだ。また、条約に基づき翌年六月二日に神奈川（横浜）・箱館・長崎の三つの港が開かれることになった。

江戸からもっとも近い開港場になった横浜では、続々と日本各地から商人が移住し、開港直後の段

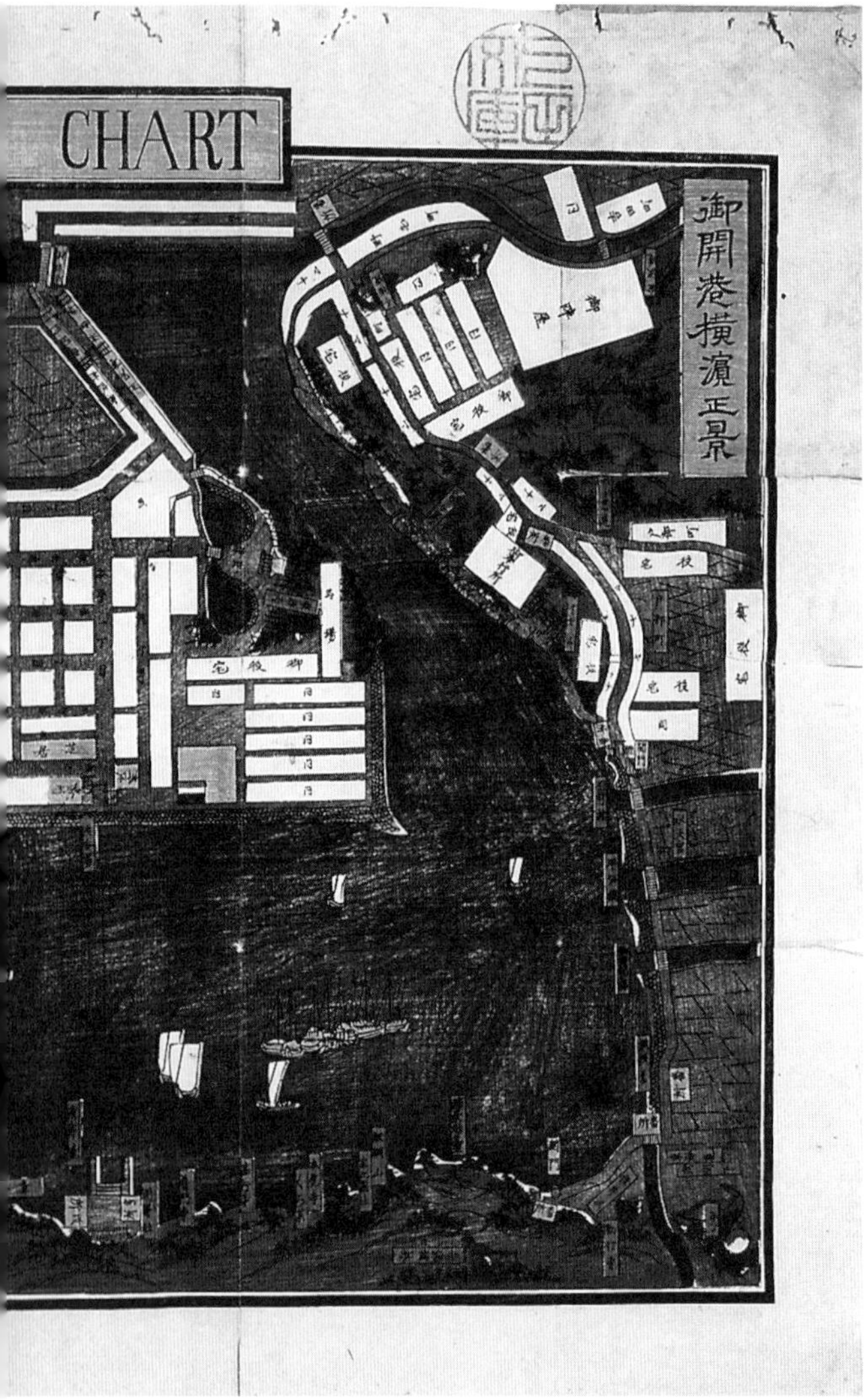
CHART
御開港横濵正景

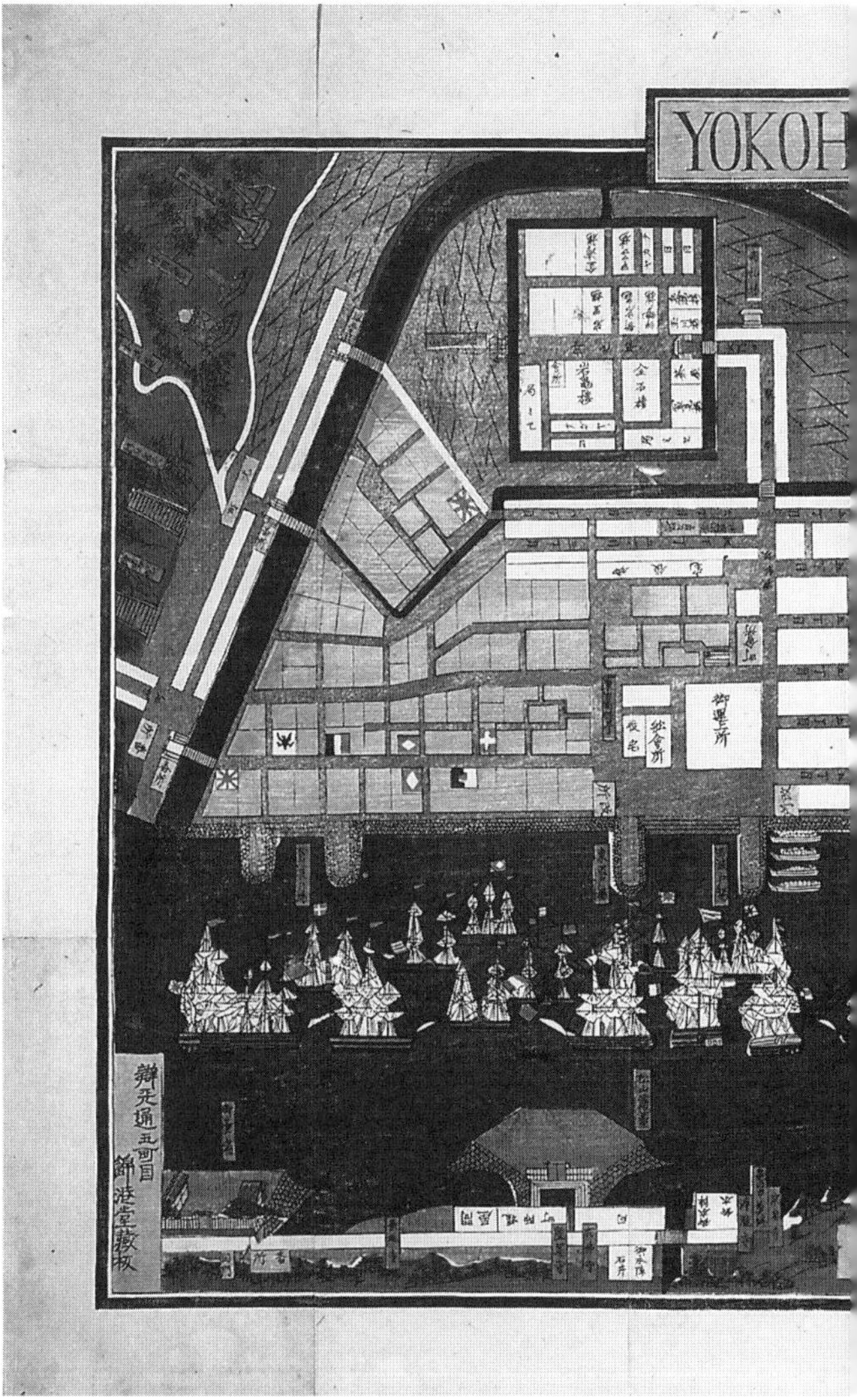

**図18　開港直後の横浜を描いた絵地図「御開港横浜正景」**
現在の横浜市中区の中心部にあたる。　横浜開港資料館蔵

階で横浜移住を幕府に願い出た人は一〇〇人以上に達した。また、条約を結んだ諸外国の商人も横浜に移住した（図18）。横浜では貿易都市の建設が急ピッチで進められ、波止場の造成や奉行所の建物の建設がおこなわれた。こうして横浜は日本最大の貿易都市となり、開港期日（六月二日）の直後から生糸・茶・雑穀（小麦や大豆）・海産物・水油《みずあぶら》などが輸出されるようになった。これに加えて万延《まんえん》元年（一八六〇）からは輸入貿易も本格化し、綿織物や毛織物を中心に、綿糸・薬品・船舶・武器が大量に移入するようになった。こうして慶応四年（一八六八）には輸出価額が約一七六八万ドル、輸入価額が約一二三九万ドルに達した。また、これにともない移住する外国人も急増し、元治《げんじ》元年（一八六四）には一二〇〇人を超える外国人が波止場の近辺（現在、横浜市中区中心部）に住むようになった。

## 酒依氏の知行地で

酒依氏が通商条約の締結と横浜開港をどのように迎えたのかについては興味深いテーマであるが、残念ながら一三代又兵衛の日記が残っていないために分からないことが多い。しかし、当時、下菅田村の名主をつとめていた鈴木家には、万延元年（一八六〇）に、酒依氏の知行地の農民が大豆や水油を中国大陸に輸出したことを伝える記録が残されている。

記録によれば大豆と水油の輸出は、鈴木家の当主であった政右衛門が中心になっておこない、政右衛門は約二五〇〇両の資金を投下して、約二〇〇〇石（約三〇〇トン）の大豆を集荷している。大豆は酒依氏の知行地であった笠原村と三丁免村の農民から購入され、荒川を下り江戸を経由して東京湾を渡って横浜に送られた。つまり、大豆の輸出は鈴木家が音頭を取って、酒依氏の知行地の農民が共同で貿易に参画したものであった。

酒依氏が貿易にどのように関わったのかは分からないが、知行地に多額の上納金を課している酒依氏にとって、農民たちが貿易から利益を上げることは好ましいことであったと考えられる。また、鈴木家にとっても、同じ旗本が支配する村から大豆を集荷できることは、農民同士の信頼関係を利用できるため喜ばしいものであったと思われる。

次に、水油については同年三月に六〇樽を横浜に住むアメリカ商人に三〇〇〇ドルで売却している。集荷地は分からないが、明治三年（一八七〇）の記録に、政右衛門が「絞油《しぼりあぶら》」（菜種や胡麻から油を搾ること）を生業にしていたと記したものがあり、自分で作った油を販売したと思われる。また、鈴木家では水油や大豆を外国人に販売するにあたって近隣の村から横浜に進出した貿易商人に外国人との仲介を依頼している。水油の売却では生麦村出身の村田屋に依頼し、大豆の場合は小机《こづくえ》村（現在、横浜市港北区）出身の朝田屋に依頼している。

ところで、この時期に外国商人が水油と大豆を求めた背景には、中国大陸での両商品の需要の急増があった。当時、中国大陸ではイギリス・フランス両国が清国に対する侵略戦争（アロー戦争）をおこなっており、両国は軍事物資を運ぶ馬を必要としていた。そのため両国は幕府に対して馬の輸出を求め、この頃までに二千頭もの馬が横浜から大陸に輸出された。同時に馬の飼料についても日本から輸出することになり、横浜から馬の飼料として大量の大豆などが輸出された。

一方、水油は菜種や胡麻から作られた照明用の油で、石油から精製された油が使われるようになるまでは最も良質な燈油であった。中国大陸での利用方法について記した記録はないが、軍事物資（テントなどで使用する燈油）として利用された可能性が強い。ともあれ大豆と水油が、アロー戦争の終結する万延元年（一八六〇）暮までの間、横浜から大量に中国大陸に輸出されたことは間違いない。この間、鈴木家が扱った大豆と水油の量については帳簿が体系的に残っていないため分からないが、仕入代金が年間数百両程度のものであったと推測される。金額的にはそれ程多いものではないが、酒依氏の知行地の農民が積極的に貿易に参画していく姿は、農民たちが協力しながら活躍できる時代が生まれつつあったことを感じさせる。

## 紀州藩と関係を持って

横浜開港後、大豆や水油を輸出したのは政右衛門たちだけではなかった。たとえば、万延元年（一八六〇）八月四日に、大豆を扱っていた江戸の商人が、大豆の価格の上昇を止めて欲しいと幕府に願い出ているから、この頃には多くの大豆が輸出されていたことになる。また、水油については、安政六年（一八五九）七月六日に、江戸の油商人が本来ならば江戸に入荷すべき水油が横浜に送られていると記している。こうした情況に対し、幕府が万延元年（一八六〇）閏三月十九日に公布したのが有名な「五品江戸廻送令《ごひんえどかいそうれい》」であった。

この法令は、江戸で消費されるべき商品が海外に輸出されることを規制することを目的に公布され、具体的には、主要輸出品の内、雑穀（大豆や小麦）・水油・蠟《ろう》・呉服・生糸の五品を産地から横浜に直接送ることを禁止したものであった。五つの商品については、江戸の問屋が江戸で消費されるべき量を除いた分だけを横浜に送ることになったが、この法令の公布によって政右衛門のような人々は自由に品物を集荷できなくなった。

当然のことながら新たに貿易に進出した人びとは法令への対抗策を準備することになったが、政右衛門の場合は、公布の翌日に大豆の出荷先であった朝田屋と会合し、御三家のひとつであった紀州藩の権威を背景に幕府と江戸問屋に対抗することを決定した。紀州藩と結びつこうと考えたのは、従来から政右衛門が紀州藩出入りの商人であった江戸商人の平井屋栄次郎と懇意であったためで、彼らは同月中に二通の願書を作成し、紀州藩の産物方役所に提出した。鈴木家にはこの時に記された願書が残されているが、願書には（一）紀州藩の産物を扱う「売捌所」を横浜に隣接する神奈川宿（現在、横浜市神奈川区）に設置すること、（二）産物は紀州藩から出荷してもらい、横浜の外国商館に販売することの二カ条が記されていた。彼らは「売捌所」の設置と運営をおこないたいと願い出たわけであるが、彼らの最終的な目的は「五品江戸廻送令」を空文化することにあり、この二カ条は本来の目的ではなかった。

このため願書には二カ条の但し書きが付記され、(一)には「売捌所」で扱う商品について「五品江戸廻送令」の規制を受けないように紀州藩から幕府に働きかけること、(二)には「売捌所」で扱う商品に従来から政右衛門らが扱ってきた大豆と水油を加えたいことが書き加えられた。つまり彼らは、大豆と水油を紀州藩の産物であると偽《いつわ》ることによって幕府の規制を逃れようとしたのである。願書には「売捌所」の設置を紀州藩から神奈川奉行(貿易を管轄した遠国奉行)に通達して欲しいとあり、鈴木らは紀州藩を前面に押し出すことによって自らの利益を守ろうとした。また、願書には願いが聞き届けられれば紀州藩に冥加金を上納したいとも記されていた。

こうして四月には紀州藩から神奈川奉行に「売捌所」の設置についての願書が提出されたが、幕府の評議は厳しいもので「売捌所」の運営主体が紀州藩であるのか政右衛門らであるのか区別しにくいことを理由に彼らの計画を却下することになった。もっとも、この直後から中国大陸での戦乱が終息し、それにともない大豆と水油の輸出も激減したから、彼らの計画そのものが意味のないものになってしまった。

当時の酒依氏当主は一三代の又兵衛であったが、彼が知行地の農民たちのこのような行動にどのように関係していたのかは分からない。しかし、又兵衛が意識するしないにかかわらず酒依氏の知行地の農民は新たな時代に向けて動き始めているように感じられる。

## 講武所の設置と幕府の軍事改革

ペリー艦隊来航後の国際化の進展と貿易の開始によって日本の経済のあり方は大きく変わったが、同時に人びとは西洋諸国が有する軍事力に強い危機感を持った。幕府では国防力の強化が問題になり、開明的な幕臣を中心に西洋流の砲術の採用や火薬の原料である硝石の増産が進められた。浦賀では嘉永六年（一八五三）九月十九日から浦賀奉行所が洋式軍艦の鳳凰丸の建造に着手し、翌年五月十一日には東京湾内において同船の試験航海がおこなわれた。長崎では安政二年（一八五五）十月二十二日に長崎海軍伝習所が設置され、初代の総取締に旗本の永井尚志《ながいなおゆき》が就任した。伝習にはオランダから幕府に贈られたスンピン号（後に観光丸と改名）が使われ、オランダ人教師の指導で、浦賀奉行所の与力らを中心に幕臣らに蒸気船の操船や武器の操作が教授された。その後、海軍伝習所は安政六年（一八五九）に閉鎖されたが、同時期に江戸の築地に軍艦操練所が開設され、海軍伝習所の機能は軍艦操練所に引き継がれた。

一方、旗本たちの武術訓練についても改革がおこなわれ、安政元年（一八五四）には老中堀田正睦の屋敷（現在、東京都中央区）に講武場と呼ばれる武術訓練所が開設された。翌年二月には四名の御書院番頭や御小姓組《おこしょうぐみ》番頭に講武場総裁を兼務することが命じられた。さらに四月には講武場の機能を発展させた講武所が築地に竣工し、四月十三日には一三代将軍徳川家定《いえさだ》が臨席し開校式がおこなわれた。

この時、剣術一一名、槍術一〇名、砲術一四名の教授方が任命され、旗本や御家人は講武所で武術を講習することが決められた。

安政五年(一八五八)一月には越中島(現在、東京都江東区)に講武所付銃隊調練所が開設され、調練所では旗本や御家人の砲術技術の向上を目的とした訓練がおこなわれるようになった。当然のことながら酒依氏も講武所での調練に参加したが、慶応元年(一八六五)の清之丞の日記には本人だけでなく三人の子供たちも恒常的に訓練に参加していたことが記されている。

講武所が神田小川町(現在、東京都千代田区)に移転したのは安政六年(一八五九)一月で、これにともない講武所の規模も拡大した。勝海舟の著作である『陸軍歴史』によれば、小川町の講武所は一万三千坪以上の敷地があり、師範役・教授方・世話心得・修行人を合わせて五〇〇人以上の幕臣が常駐し、旗本や御家人の訓練に当たるようになった。こうして講武所は幕府の軍事改革の一大拠点になり、文久年間(一八六一～一八六四)以降、特に砲術を中心にした訓練が強化されていった。また、剣術や槍術の訓練は従来通りにおこなわれたが、万延元年(一八六〇)九月には旧式になった弓術・犬追物(犬を追いかけて馬上から矢で射る練習)・柔術の訓練が廃止された。さらに、慶応二年(一八六六)には講武所は陸軍所と改称され、砲術訓練の場所になっていった。

## 一四代清之丞の日記から

幕末の酒依氏の家では、嘉永六年（一八五三）七月に一二代清左衛門が病死し、一三代又兵衛が家督を継いだ。また、又兵衛は文久元年（一八六一）十一月に隠居し、同時に又兵衛の長男の一四代清之丞が当主となった。清之丞が慶応元年（一八六五）に記した日記（図19）によれば、当時、彼は御書院番士であり、逸見《いつみ》長昌《ながまさ》が番頭をつとめる九番組に所属していた。また、彼は妻との間に三人の男子（録五郎・源次郎・弥八郎）と四人の女子（進・春・仙・鶴）をもうけていた。さらに屋敷には隠居所があり、

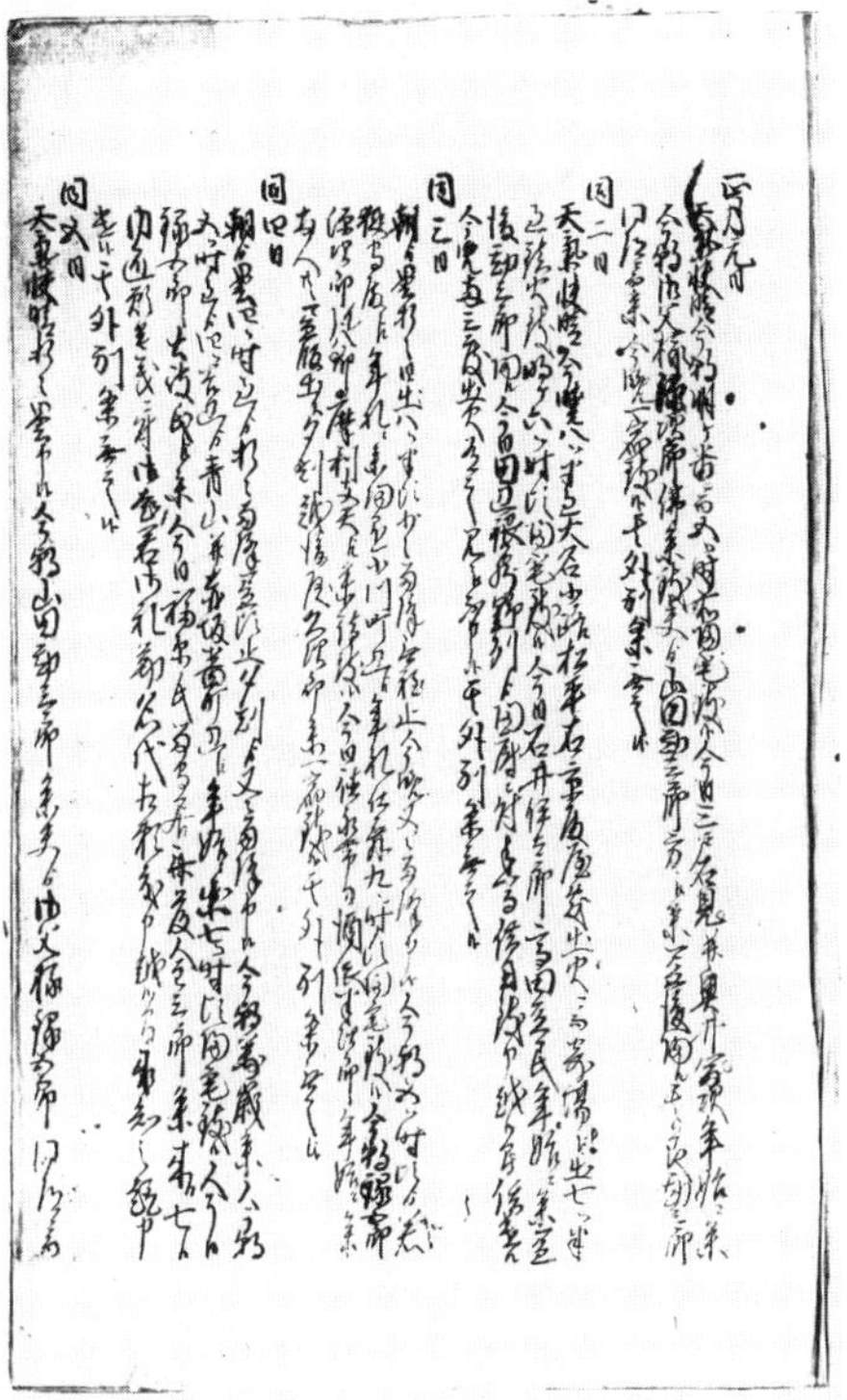

**図19　酒依清之丞が記した慶応元年（1865）の日記**　正月の記述である。

父又兵衛が妻と妾と一緒に住んでいた。この時の録五郎・源次郎・弥八郎の年齢は分からないが、三人とも講武所の訓練に参加しているから一〇代後半から二〇代前半の年齢と思われる。また、子供たちはいずれも清之丞の屋敷に住んでいたから、この段階で養子や結婚という形で他家に出ることはなかった。さらに、日記に登場する録五郎は明治元年（一八六八）に一五代の酒依氏当主になるが、明治時代になって昌長と改名した人物にあたる。一方、屋敷には用人のほか多くの侍・中間・女中が住んでいたことは、一二代清左衛門の時代と変わるところはない。

ところで、慶応元年（一八六五）の清之丞の日記を読んで気付くことは、彼と息子たちが恒常的に軍事訓練に動員されているということである。清之丞は通常の御書院番士としての勤めのほかに、年間三八回にわたって調練に出ることを命じられている。この内、二二回が小川町の講武所での訓練であり、日記には「槍術日」や「剣術日」と記されているから剣術や槍術の訓練がおこなわれたと思われる。また、講武所の砲術訓練所であった越中島でも七回の調練がおこなわれた。さらに、天保十四年（一八四三）に開設された角筈《つのはず》（現在、東京都新宿区）の大筒の訓練所で三回、現在の東京都千代田区の四谷見付付近の訓練所で三回の調練が実施された。これに加えて御書院番の組ごとに調練がおこなわれることもあり、九番組番頭の逸見長昌の屋敷でも四回の調練がおこなわれた。もっとも中年になっていた清之丞にとって調練は体力的に厳しいものであったようで、彼は三八回の内、一〇回にわたって「少々不快」などを理由に調練を欠席している。

調練には時に老中や若年寄の視察があり、気の抜けないものであったことが欠席の理由かもしれない。また、これらの調練には清之丞が家臣である侍や中間を連れて参加することもあり、当主の調練は家ごとにおこなわれたようである。

これに対し三人の息子たちは講武所での調練に熱心に参加している。長男の録五郎の場合、五月中旬以降、長州藩との戦いに出兵したため講武所での調練には出席していないが、それでも年間三六回にわたって講武所で訓練を受けている。次男源次郎の場合は一〇五回、三男弥八郎は一六一回にわたって講武所での訓練に参加しているから、講武所では恒常的に旗本の子弟に対して訓練がおこなわれたようである。また、源次郎は五月二十八日に「砲術修行」を講武所に願い出ているから鉄砲を扱う技術を講武所で学んだようである。

さらに、同月二十二日の日記には源次郎に対して「非常の際には江戸城の西丸にある歩兵屯所に詰める」ことが命じられているから、特定の役職に就いていない旗本の子弟にも有事の際に軍事的な動員が計画されていたことになる。一方、清之丞は息子たちが武術道場に通うことにも熱心であり、三人の息子は平岩という道場に通っている。また、源次郎が剣術家として有名な伊庭八郎《いばはちろう》の道場（練武館）や桃井春蔵《もものいしゅんぞう》が道場主であった士学館に通ったほか、三人の息子たちは熊倉という弓の道場にも恒常的に通っている。

## 講武所の師範役たち

酒依氏の人びとが通った講武所には講武所奉行以下、師範役を始めとして多くの人びとが詰めていた。講武所は若年寄の配下にある役所で、講武所奉行の下に奉行並《ぶぎょうなみ》と頭取が置かれ、頭取の下に師範役・教授方が配置された。師範役には砲術・槍術・剣術の区別があり、旗本や御家人、その家族は師範役から訓練を受けた。表3は慶応元年（一八六五）段階での師範役を示すものであるが、現在でも良く知られている名前を見ることができる。第一に剣術師範役には源次郎が個人的にも道場に通った伊庭八郎がいた。彼は心形刀流《しんぎょうとうりゅう》の剣士であり、戊辰戦争では鳥羽・伏見や箱根で戦闘に参加し、最終的に箱館で自決した。また、三橋虎蔵《みつはしとらぞう》は伊庭の甥であり、同じく剣術師範として講武所に詰めた。このほか剣術師範としては榊原健吉《さかきばらけんきち》の名も良く知られている。彼は直心影流《じきしんかげりゅう》の剣士であり、明治維新後に剣術の見世物興行（撃剣興行《げっけんこうぎょう》）をおこなったことで知られている。

一方、槍術師範役には平岩次郎太夫と加藤平九郎がいた。彼らについては履歴が分からないが、清之丞の三人の息子が通った平岩という道場は次郎太夫が道場主をつとめていた可能性がある。また、当時の講武所の調練の中心であった砲術師範役には一〇名の師範役が配置された。この内、もっとも有名な人物は高島秋帆《たかしましゅうはん》で、当時、西洋砲術を広めた人物として評価されていた。彼は、ペリー来航当時に老中の阿部正弘から「火技中興洋兵開祖」（日本の砲術を初めて洋式にした人物）の称号を与えられたほどの人物であったが、酒依氏の人びとはこうした人物とも交流していた。これに加えて旧来から幕府の鉄砲方をつとめていた家を出身とする田付四郎兵衛や井上左太夫も砲術師範役に名を連ねた。

清之丞の日記は誰から訓練を受けたのかを記していないため、具体的なことは分からないが、酒依氏の人びとは当時の一流の剣士や砲術家から教えを受けていたことは間違いない。また、師範役の榊原鏡次郎・吉田直次郎・加藤平九郎・今堀千五百蔵《いまほりちょうぞう》は、慶応元年（一八六五）に一四代将軍の徳川家茂《いえもち》に従って大坂城に入っているから、出兵先の大坂で清之丞の長男録五郎が彼らとなんらかの交流を持った可能性もある。いずれにしても慶応元年（一八六五）には一層の軍事改革が進められ、旗本たちは講武所での調練に明け暮れることになった。

**表3　講武所師範役**

| | 区分 | 氏　名 |
|---|---|---|
| 1 | 砲術 | 飯田庄蔵 |
| 2 | 砲術 | 榊原鏡次郎 |
| 3 | 砲術 | 下曾根次郎助 |
| 4 | 砲術 | 松平乗原 |
| 5 | 砲術 | 吉田直次郎 |
| 6 | 砲術 | 木村太郎兵衛 |
| 7 | 砲術 | 田付四郎兵衛 |
| 8 | 砲術 | 井上左太夫 |
| 9 | 砲術 | 高島秋帆 |
| 10 | 砲術 | 植村帯刀 |
| 11 | 剣術 | 三橋虎蔵 |
| 12 | 剣術 | 榊原健吉 |
| 13 | 剣術 | 近藤弥之助 |
| 14 | 剣術 | 戸田八郎左衛門 |
| 15 | 剣術 | 伊庭八郎 |
| 16 | 剣術 | 今堀千五百蔵 |
| 17 | 槍術 | 平岩次郎太夫 |
| 18 | 槍術 | 加藤平九郎 |

＊『陸軍歴史』ほかより作成

## 知行地の農民が幕府の歩兵に

酒依氏の人びとが講武所に通い始めた頃、幕府は旗本の知行地の農民を歩兵隊に編成する計画を推し進めていた。この計画は知行地を持つ旗本から兵賦《へいぶ》と呼ばれる人員を徴兵し、歩兵隊に編入するものであった。計画に基づき幕府は、文久二年（一八六二）十二月に旗本に対し兵賦令を公布し、徴兵が開始された。徴兵は五〇〇石以上の知行地を持つ旗本に対しておこなわれ、五〇〇石以上の旗本は一人、千石以上は三人、三千石以上は一〇人の兵賦を出すことになった。兵賦令によれば、兵賦には一七歳から四五歳までの強壮な者が選ばれ、それぞれの旗本が兵賦の給料を負担すること、歩兵隊に配属中の食事は幕府から給されることが定められている。この時、当然のことながら酒依氏の知行地でも徴兵が始まったと思われるが、関連する資料が残っていないため具体的な徴兵の様子については分からない。そこで、ここでは資料（「三觜家文書」藤沢市文書館保管）が残されている相模国高座郡大庭《おおば》村（現在、神奈川県藤沢市）での徴兵の様子を紹介したい。

大庭村は旗本小笠原六五郎の知行地で、文久二年（一八六二）に徴兵されたのは喜太郎という農民であった。小笠原氏からの徴兵命令が大庭村の名主に届いたのは同年十二月で、その後、村では誰を兵賦として差し出すのかについての相談が繰り返された。喜太郎が江戸の歩兵屯所に向けて村を出たのは翌年一月十三日で、彼が入営したのは江戸城の西丸下に置かれた歩兵屯所であった。入営後、彼には脇差を帯びることが許されたほか、装備や衣服が支給された。（図20）

**図20　幕府の歩兵**（『イラストレイテッド・ロンドン・ニュース』1863年9月26日号より）　横浜開港資料館蔵

最終的に歩兵として徴兵された農民は元治元年（一八六四）までに一万人に達し、屯所は西丸下のほか江戸城の大手前や小川町にも置かれたが、喜太郎はもっとも多くの兵賦が入営した西丸下に配属された。兵賦は屯所で教官から厳しい軍事訓練を受け、その後、各地に出陣した。喜太郎の場合は横浜での町の警備を担当したが、元治元年（一八六四）以降、兵賦の中には歩兵隊として天狗党の乱（水戸藩の尊王攘夷派が起こした内乱）の鎮圧や長州征討に投入された人びとも多かった。

酒依氏の知行地から誰が徴兵されたのかについては分からないが、そもそも徴兵の開始は農民の負担を増やすものでしかなかった。働き盛りの農民が徴兵されれば、彼らの家族の生活は不安定になった。また、給料が郷里からの送金で賄われることも多く、これが村の負担になっていった。さらに、幕府は内乱鎮圧に兵賦を使うようになった。そのため屯所を脱走する兵賦もいたようで、喜太郎の場合も元治元年（一八六四）五月に歩兵隊を脱走し、その後、部隊に戻ったことを記した記録が残っている。また、この記録には教官から喜太郎を帰郷させ、代わりの人物を差し出すように小笠原氏に通知があったと記されている。

### 幕府と長州藩の対立

酒依氏の人びとが講武所での調練や武術道場に熱心に通った背景には、幕府が長州藩と軍事的な対立を深めていたことがあった。その始まりは文久年間（一八六一〜一八六四）に遡り、国内では攘夷事件が相次ぎ、この頃から長州藩は攘夷運動（日本にやって来た外国勢力を撃ち払うこと）の中核的な役割を果たすようになっていた。特に、文久三年（一八六三）に入ると長州藩は京において勢力を拡大し、朝廷は長州藩の意向に強く影響されるようになった。諸藩の藩士が朝廷と政治的に交流することを「京都手入れ」と呼んだが、長州藩の動きは特に活発であった。

たとえば、同年二月十一日に長州藩士の久坂玄瑞《くさかげんずい》は関白の鷹司《たかつかさ》輔熙《すけひろ》に国を挙げて攘夷をおこなうことを強請し、攘夷派の公卿とともに攘夷の期日を定めるように迫っている。そのため朝廷では長州藩の意向を拒めなくなり、三月十一日には孝明《こうめい》天皇が加茂《かも》下上社《しもかみしゃ》に攘夷の祈願をおこない、一四代将軍の徳川家茂もこれに随従した。

こうして攘夷の期日が五月十日に決定し、同日に長州藩は率先して下関海峡を通過するアメリカ商船に砲撃を加えた。その後も長州藩の諸外国の船に対する攻撃は続き、同月二十三日にはフランス船に、二十六日にはオランダ船に対して砲撃が加えられた。また、その後も長州藩は過激な発言を繰り返したが、八月に入ると天皇が伊勢神宮に行幸し、攘夷の軍議を自らおこなうという計画まで立てられるようになった。

これに対し孝明天皇は長州藩のあまりに過激な発言に違和感を覚えるようになり、最終的に会津藩と薩摩藩を中心に、長州藩と同藩に賛同する公卿を朝廷から一掃するクーデターがおこなわれることになった。クーデターの実行は八月十八日の午前一時頃で、武装した会津・薩摩の藩兵が御所の門を固める中、長州藩士が御所に参内することが禁止された。また、長州藩に賛同する公卿の参内も禁止された。こうして長州藩兵は同藩に賛同する七人の公卿と共に本国へ下ることになった。

長州藩が京都での勢力回復を図るために軍事的な行動をおこしたのは、元治元年（一八六四）のことで、六月中旬から七月中旬にかけて長州藩の諸隊約二千名が京都に向かい、京都を取り囲む地点に布陣した。こうした状況に危機感を強めた朝廷と幕府は、七月十八日に長州藩に兵を引くことを命じた。しかし、長州藩は命令に従わず、翌日には戦端（禁門の変）が開かれた。結果は長州藩の敗北で、長州藩を主導してきた久坂玄瑞や真木和泉《まきいずみ》は自刃した。また、戦闘に際して京の町は火の海と化し、民家二万七千戸以上が焼失した。

この後、幕府と長州藩の対立は一層激しいものになり、幕府は七月二十三日に将軍自らが軍を率いて長州藩を討つことを内外に表明した。この時、幕府は西国二一藩に出兵を命じ、八月に将軍が出兵することを布告した（第一次長州征討）。総攻撃の開始は十一月で、一五万を超える軍勢が長州藩を包囲した。これに対し長州藩は禁門の変の直接の指揮者であった三人の家老に自刃を命じ、この首を差し出した。こうして第一次長州征討はまったく戦火を交えることなく終わりを告げたが、翌慶応元年（一八六五）四月には幕府が再び長州藩に反逆の企てがあることを理由に再度の長州征討を公布した。こうして慶応二年六月には第二次長州征討がおこなわれた。

## 出陣する旗本たち

長州藩との軍事的な対立が高まる中、多くの幕臣が西国へ向かったが、慶応元年の清之丞の日記にも、旗本やその家族の出陣に関する事柄が多く記されるようになっていった。最初の記述は一月十九日で、本家の酒依半次郎が、老中の阿部正外《あべまさと》（白河藩主）と松平宗秀《まつだいらむねひで》（宮津藩主）に従って「京都御用」に行くことになったという記述である。この時、二人の老中は京での攘夷派を取り締まるために上洛し、彼らには四千人の旗本や御家人が随行した。また、四月二十七日には旗本の大森虎五郎が清之丞に面会を求め、長州征討に出陣している間、養祖母を清之丞に預かって欲しいと願い出ている。この日の清之丞の日記には大森虎五郎参り面会致し候処、この度、御進発御供仰せ付けられ候に付、家内共、所々預け度趣、就いては養曾祖母、この方預け度申し聞き候

とあり、大森が妻や子供も含めて知人に彼らの面倒を見て欲しいと依頼していたと記されている。これに対し清之丞は預かることができないと回答している。酒依氏と大森氏の関係がどのようなものであったのかは分からないが、五月九日に再度、本家の酒依半次郎から同様の依頼がおこなわれているから大森は酒依氏の遠い親族であったのかもしれない。

こうした情況下で長男録五郎が、一四代将軍徳川家茂に従って大坂に出陣することが命じられたのは四月八日のことであった。この日、講武所に出頭した録五郎は講武所奉行から「御進発御供」（将軍に従って出陣すること）を命じられた。四月十四日には、中間の豊吉を録五郎の供として連れていくことが決められ、その後、録五郎が持っていく武具の準備もおこなわれた。出入りの商人であった三河屋に刀の修復を依頼したのは四月十六日で、五月九日には刀と鎖帷子《くさりかたびら》が三河屋から届いている。

五月三日には駒場野（現在、東京都目黒区）に置かれた調練場で将軍が臨席する中で行軍の訓練がおこなわれた。さらに、同月十四日には講武所から出陣の手当金として三五両と道中の費用として二二両が支払われ、出陣の準備が完了した。もっとも講武所からの手当金だけでは必要な金に不足を生じ

たようで、清之丞は知行地であった下菅田村の名主の鈴木政右衛門に「録五郎支度入用金」の上納を命じている。録五郎が江戸を出発したのは五月十六日で、この日、清之丞は江戸城で警備にあたっていたため息子を見送ることができなかったが、録五郎は豊吉を率いて早朝に屋敷を出ている。

ところで、この時、出陣を命じられたのは録五郎だけではなく、清之丞の叔母にあたる郁が嫁いだ徳永氏の当主帯刀も大坂への出兵を命じられている。清之丞が帯刀から出陣するとの連絡を受けたのは四月二十日で、その後、徳永氏でも同様の出陣の準備が進められた。また、この年に徳永氏は幕府から「屋敷替」（拝領した屋敷を替えること）を命じられ、九月十日に従来住んでいた市ヶ谷（現在、東京都新宿区河田町）から表二番町（JR四ツ谷駅がある辺り）に引っ越したが、清之丞の日記には引っ越しの準備を出陣した帯刀に代わって清之丞がおこなったと記されている。いずれにしても長州征討は旗本たちの暮らしを慌ただしいものにしたようである。

### その後の録五郎

録五郎らを従えた将軍徳川家茂の軍勢数万騎は一路東海道を大坂に向かったが、慶応元年（一八六五）五月二十六日には駿府（現在、静岡県静岡市）に到着し、閏五月十一日には名古屋（現在、愛知県名古屋市）に着陣した。一行が大坂城に入ったのは同月二十四日で、九月二十一日には家茂が御所に参内し、長州征討をおこなわざるを得ない理由を説明した。孝明天皇からは天盃（天皇から賜る盃）と剣・陣羽織が下され、第二次長州征討が決定した。この間、録五郎らは大坂城にいたと思われ、出陣した幕臣の調練が度々、大坂の講武所でおこなわれているから、録五郎も調練に参加したと思われる。一三代将軍家茂が大坂城で死去したのは慶応二年（一八六六）七月二十日であったが、長州征討がおこなわれている最中でもあり、家茂の死は公表されなかった。はたして録五郎が将軍の死をいつ知ったのかは分からないが、同年八月十一日には江戸に残った幕臣に対し将軍の死が知らされているから、この時までに出陣先でも将軍の死が公表されたと思われる。また、同月二十六日には江戸の市中に対しても広く将軍の死が伝えられた。

一方、長州において戦端が開かれたのは同年六月七日で、これ以後、幕府側の敗戦が相次いだ。幕府軍は芸州口（山陽道）・大島口（瀬戸内海）・小倉口（九州）・石州口（山陰口）の四方向から長州藩に攻撃を加えたが、いずれの方面でも幕府軍が惨敗した。幕府軍の主力が配備された芸州口では、彦根藩と高田藩の両藩兵が、長州藩と衝突し大敗を喫した。石州口では長州藩の参謀であった大村益次郎《おおむらますじろう》が出兵し、幕府領であった石見銀山一帯を占領した。小倉口では幕兵や熊本藩兵・小倉藩兵が長州藩兵と戦ったが、七月二十九日には小倉城が陥落し、幕兵を指揮した小笠原氏が長崎に逃れることになった。こうして八月十六日には、一五代将軍に就任することになっていた徳川慶喜《よしのぶ》が、朝廷に対し征討を中止することを願い出て、第二次長州征討は長州藩の勝利で終わりを告げることになった。

慶応二年（一八六六）の清之丞の日記が残っていないため、録五郎が戦闘開始から終戦に至るまでどこにいたのかは分からない。可能性としては将軍に従い大坂城に詰めていたか、幕府軍の一翼として長州に出陣したかのどちらかが考えられるが、いずれにしても長州での幕府軍の撤兵が完了した十月下旬の後に帰宅したのではないだろうか。この年の十二月二十五日には幕府と親しかった孝明天皇も死去し、時代は倒幕から明治維新へと進んでいくが、清之丞の一家にとってもより一層厳しい時代が幕を開けた。

## 将軍と戦死者を弔って

老中の稲葉《いなば》正邦《まさくに》（淀藩主）が家茂の霊柩とともに軍艦の長鯨丸に乗って大坂を発したのは、慶応二年（一八六六）九月三日で、霊柩が江戸に到着したのは同月六日であった。これに先立ち御書院番士には霊柩を守って江戸城に向かうことが命じられた。おそらく清之丞にも出動の指示があったと思われる。翌日には「着棺」（棺が江戸城に到着すること）の際に、大名や旗本がそれぞれに江戸城内で霊柩を迎える場所が指示された。

こうして「着棺」の当日（九月六日）に、霊柩は長鯨丸が到着した場所に近い浜御殿（将軍家の別邸。現在、東京都中央区）から江戸城西丸に運ばれた。家茂が増上寺に葬られたのは九月二十三日で、家茂は六代将軍家宣《いえのぶ》と一二代将軍家慶の墓所に合祀された。葬儀に際しての清之丞の役割については不明であるが、先例通りに御書院番士が警護にあたったと思われる。

**図21　増上寺の山門**　明治時代中期に撮影された。　横浜開港資料館蔵

一方、幕府が霊柩の通る町々に対して指示を出したのは八月二十六日で、江戸市中での建物の工事と歌舞音曲が禁止された。また、霊柩が通行する際に喧嘩や口論が起きないように町役人が見回ることが命じられた。さらに、沿道にある商店には暖簾や看板を外すこと、湯屋や蕎麦屋などの火を扱う店には商売を控えることが命じられた。これに加えて、二十八日には霊柩を運ぶ行列についても具体的に公布され、先頭に挟箱《はさみばこ》（衣類などを入れる箱で従者が担いだ）・日傘・床几（移動用の簡易な腰掛け）・長刀などの道具類が置かれ、その後ろに老中と高家が霊柩を守って進むことが定められた。また、霊柩の後ろには諸役人が進むことになった。こうして準備が終了して、家茂は九月六日に諸大名や旗本が迎える中、

江戸城に到着した。また、増上寺での葬儀も同様に執りおこなわれた。

このように将軍の葬儀は滞りなく終わったが、今度は長州征討の際に戦死した歩兵（兵賦）らを送る会（追葬）が増上寺で開催された。戦闘に際して幕府の歩兵隊は広島に接する芸州口と関門海峡近くの小倉口に配備されたが、幕府軍は完敗し、かなりの戦死者を出したと言われている。追葬の開会は同年十一月二十五日午前九時頃で、総勢一万人が参列した。当日の朝、西丸の歩兵屯所からは大きな位牌（「長防役戦死霊」と記された高さ約一二〇センチの位牌）が持ち出され、この位牌は増上寺の本堂に安置された。位牌の前には玄米や水が置かれ、左右には大きな蠟燭が灯された。開会後、大僧正が読経する中、左右に約三〇〇人の僧侶が並んだ。会には陸軍奉行の竹中重固《たけなかしげかた》や歩兵奉行の小出英道・久世広道らが臨席し、大僧正が退席した後に出席者の焼香がおこなわれた。

江戸の町人であった須藤由蔵《すどうよしぞう》が記した日記（藤岡屋日記）によれば、会の終了後に参列者には増上寺の塔頭《たっちゅう》から弁当が振る舞われた。歩兵には身分の低い者が多かったが、須藤は幕府から手厚く追葬を受けることは戦死者にとって大きな名誉であると記している。上級の旗本である酒依氏の人びとは追葬の開催をどのように感じたのであろうか。

### 清之丞一家の社寺参詣

慶応元年（一八六五）は、酒依氏の人びとにとって戦乱が身近なものになった年であったが、その中にあっても社寺参詣や娯楽がなかったわけではない。勿論、一四代清之丞の祖父であった一二代清左衛門の時代にくらべれば参詣や娯楽は地味なものであったが、ここでは清之丞の日記を題材にして、戦乱の時代の中での清之丞一家の暮らしぶりを眺めてみたい。

最初に清之丞一家の社寺参詣であるが、恒常的に社寺に参詣しているが、茶屋での遊興をともなう物見遊山といったものではなかった。むしろ参詣は家族の武運長久を祈るといったもののように感じられる。

たとえば、同年一月二十四日に長男の録五郎は麻布（現在、東京都港区）の日蓮宗覚林寺に参詣しているが、この寺は豊臣秀吉の側近であった加藤清正を祀った寺であり、勝負祈願の場所として知られていた。また、録五郎は、同月二十九日に現在、東京都文京区にある伝通院の末院の大黒を参拝しているが、大黒は戦いの神として信仰されていた。さらに、清之丞の息子たちは同じく七福神のひとつである毘沙門天に参詣することが多かったが、毘沙門天は甲冑を着た武将の姿の神であった。

録五郎が長州征討を命じられた頃からは、彼が下谷（現在、東京都台東区）の日蓮宗徳大寺を参詣することが多くなるが、この寺は武士の守護神であった摩利支天を祀っていた。日記には長男が参拝したとしか記されていないが、出陣に際して神に武運を祈ったのであろう。

しかし、緊張した暮らしの中にあっても娯楽がなかったわけではなかった。たとえば、二月二十三日に清之丞は徳永帯刀や次男の源次郎と一緒に、神楽坂（現在、東京都新宿区）に相撲見物に出かけている。相撲がどのようなものであったのかは分からないが、回向院《えこういん》（現在、東京都墨田区）でおこなわれた大規模な勧進相撲よりは小さなものであったのかもしれない。また、閏五月六日には源次郎が、祖母と進・春の二人の妹を連れて芝居に行っている。日記には芝居としか記されていないが、おそらく猿若町（現在、東京都台東区）にあった中村座・市村座・守田座のいずれかで芝居を観たのであろう。同月二十二日にも今度は清之丞自身が母親と娘を連れて芝居に出向いている。芝居見物はその後も続き、九月五日にも母親が孫たちとともに芝居に行っているから母親が芝居好きであったのかもしれない。

このほか日記には、清之丞が三月五日に、友人の二人の旗本と王子に出向いた記述があるが、この時も数時間の散策であり茶屋に立ち寄ったような記述はない。また、日記には清之丞が久松氏の屋敷で「打鞠」をしたという記述が数回あるが、「打鞠」とは蹴鞠のことかもしれない。八月三十日の日記には三男の弥八郎が深川（現在、東京都江東区）で釣りをしたと記されているが、曾祖父の清左衛門のように船をチャーターし投網をしたような贅沢なものではなかった。慶応元年（一八六五）は旗本たちが長州征討に出陣した年であり、のんびり物見遊山に出かけることはできなかったが、旗本たちの暮らしも戊辰戦争に向けて急激に変わっていかざるを得ないようになったようである。

## 御書院番の解体

慶応二年（一八六六）十二月五日、徳川慶喜が第一五代の将軍に就任したが、この前後の時期から幕府の軍事改革が従来にも増して進められるようになった。陸軍では老中の松平乗謨《のりあきら》（田野口藩主）が新たに陸軍総裁に就任し、陸軍総裁のもとに陸軍の組織が作られていった。その中心になったのは歩兵・騎兵・砲兵で、それぞれトップに歩兵奉行・騎兵奉行・大砲頭が配置された。また、陸軍総裁に直属する形で奥詰銃隊と撒兵《さっぺい》が置かれ、それぞれ奥詰銃隊頭と撒兵奉行が置かれた。このほか八王子千人同心（現在の東京都八王子市を中心とする地域に住んでいた郷士）が八王子千人隊と改称し、洋式の武装をした部隊として配置された。それぞれの部隊は構成するメンバーが異なっていたが、旗本を部隊に編成したのが奥詰銃隊で、御家人を編成したのが撒兵であった。

奥詰銃隊と撒兵を新たに編成するにあたっては、部隊に所属する兵士を選抜する必要があったが、奥詰銃隊については、慶応二年（一八六六）十一月十日に、役職に就いている旗本に対して「小銃手前」（銃を扱う技術）を勘案して選抜することが伝えられた。この時、御書院番士にも「小銃手前」についての通達がおこなわれたが、清之丞が奥詰銃隊に選抜されたのか否かについては、日記がないため分からない。また、御書院番は将軍の親衛隊であったが、これ以降、その役目は奥詰銃隊がおこなうことになり、御書院番という役職は解体された。また、旗本は登城する際の服装についても細かい規定があったが、軍事改革が進められる過程で、銃隊の兵士については筒袖（筒状の衣服の袖、洋服の袖のこと）や股引（足に密着したズボン）で登城することが認められた。

さらに、同年十一月十八日には、酒依氏の人びとが訓練を受けた講武所が陸軍所と名称を変え、砲術の訓練をおこなう施設に改編された。これに加えて、翌年十月八日には、旗本に対して当主・子弟・厄介（当主の兄弟や叔父など）の区別なく、一五歳から三五歳までの者は希望すれば陸軍所で歩兵・騎兵・砲兵の伝習を受けることができることが通達されているから、陸軍所は幕府陸軍の士官学校としての機能を持つようになったと思われる。

戊辰戦争が勃発した時に、旗本によって編成された奥詰銃隊がどのように行動したのかについては分からない点もあるが、慶応三年（一八六七）十一月四日に、幕府は奥詰銃隊に対して静寛院宮《せいかんいんのみや》（第一四代将軍家茂の御台所・和宮）や天璋院《てんしょういん》（第一三代将軍家定の御台所・篤姫）の非常時での警衛を命じている。また、同年十月二十二日に奥詰銃隊は、歩兵や撒兵とともに江戸市中を巡邏することを命じられている。

### 困窮する人びと

幕府の軍制改革が進められていた頃、世の中では物価の高騰が社会問題になっていた。特に、米価の高騰は激しく、長州征討によって幕府や諸藩が米を買い占め米の価格が急騰し、それにともない他の食品の価格も上がり、味噌・塩・醬油・酒などの価格は、わずか一〇年あまりの間に三倍から四倍まで急騰した。これに対して庶民の収入はさして増加せず、人びとは「あれも買えない、これも買えない」と怨嗟の声を上げた。困窮した人びとの中には打ちこわしをおこなう者も現れ、慶応二年（一八六六）六月中旬には武蔵国秩父郡（現在、埼玉県秩父地方）で大規模な打ちこわしが発生した。騒動はわずか七日間の間に、現在の東京都西北部から群馬県南部にまで広がり、打ちこわされた家は五二〇軒に達し、打ちこわしに参加した人びとは十数万人に達したと言われている。

一方、困窮する人びとの増加は都市部でも同様であり、江戸や宿場町に住む職人や小商人の生活は、諸物価の高騰によって苦しいものになっていった。こうして都市部でも富裕な者を非難する声が高まっていった。人びとの不満が一気に爆発したのは同年五月二十三日で、最初に東海道川崎宿（現在、神奈川県川崎市）で打ちこわしが発生した。

この日の夜、川崎宿に隣接する堀之内村に集結した人びとは、翌日の早朝に太鼓を打ち鳴らしながら川崎宿に移動した。彼らの要求は米の安売りであり、打ちこわし勢は要求が認められない時には打ちこわしをおこなうと主張した。その後、彼らは宿場の役人である七郎左衛門の屋敷に乱入し打ちこわしを開始した。最終的に川崎宿の打ちこわしは、富裕な商人が米の安売りを認めて終結したが、その後、打ちこわしは品川宿や神田に飛び火した。

品川宿での打ちこわしの発生は五月二十八日の夜で、多くの人びとが宿内の本覚寺に集結した。その後、彼らは宿内の米屋・質屋・酒屋・旅籠屋などを打ちこわした。最終的に打ちこわし勢は約一〇〇人に達し、暗闇の中で打ちこわしが繰り返された。また、六月三日午後七時前には神田で打ちこわしが発生した。この時は町奉行所の同心が取り締まりにあたり、打ちこわし勢の何人かが捕縛された。このほか四谷（現在、東京都新宿区）や本所（現在、東京都墨田区）などでも打ちこわしが発生しているから、慶応二年（一八六六）の江戸では多くの旗本・御家人が長州征討に出陣する中、治安の悪化が進んでいたことになる。また、酒依氏の屋敷から近い神田や四谷での打ちこわしの発生に、酒依氏の人びとは危機感を強めたのかもしれない。

## 徳永氏の屋敷での捕り物

慶応三年（一八六七）七月、一二代当主清左衛門の娘の郁が嫁いだ徳永帯刀の大叔父（荒川鉄太郎）の息子房之助が、町奉行所の目明しを殺害するという驚愕する事件が発生した。この事件については、先述した須藤由蔵が記した日記（藤岡屋日記）に記述があり、日記を題材に事件の経過を追ってみたい。

日記によれば、犯人の房之助は、鉄太郎の実子で一六歳の少年であった。また、父親の鉄太郎は、徳永氏の「部屋住み」として生まれ、日記には帯刀の大叔父とあるから徳永氏の先々代当主の弟であったと思われる。彼は長じてから御三卿のひとつであった田安家の家臣荒川氏の養子になって、荒川を名乗るようになった。しかし、鉄太郎は素行が悪く、その後、荒川氏を離縁になり、事件当時は妾のふじと息子の房之助と一緒に、小石川諏訪町（現在、東京都文京区）に住んでいた。房之助は鉄太郎とふじの間にできた子供であったが、事件当時、鉄太郎一家は荒川氏とも疎遠になっており、三人は町方の人別（戸籍）に入っていたようである。

藤岡屋日記によれば、殺人事件のきっかけになったのは、鉄太郎が帯刀に金を無心したことであった。当時、鉄太郎一家は困窮し、生活費を帯刀から強請《ゆす》り取ろうとしたようである。さらに、鉄太郎は房之助を徳永氏の相続人にすることを要求したとある。困り果てた徳永氏は、知り合いの目明しに鉄太郎の処置について相談したが、その後、目明しは房之助によって殺害されてしまった。殺害の様子については分からないが、徳永氏をめぐる一連の事件は殺人事件という大騒動に発展した。事件後、犯人の房之助が逃亡したため、町奉行所では鉄太郎とふじを取り調べたが、その過程でふじは犯人が自分であるとの嘘の供述をした。おそらく、ふじは息子を助けたい一心であったと思われるが、また、町奉行所は一旦ふじを徳永氏の屋敷に預け、取り調べを続けることにした。

事件が急展開を見せたのは十一月二十三日で、この日、鉄太郎と房之助がふじを取り戻すために徳永氏の屋敷に現れた。これを知った町奉行所では直ちに与力や同心を徳永氏の屋敷に派遣し、同時に新徴組《しんちょうぐみ》にも出動を要請した。新徴組は武術に優れた浪人を集めて組織された部隊で、京で活動していた新撰組のような存在であったが、この時は四、五〇名の隊士が出動したようである。これに対し鉄太郎と房之助は彼らが雇った浪人者とともに激しく抵抗した。藤岡屋日記には、房之助が新徴組に斬りかかったため、新徴組の隊士もやむなく房之助を袈裟懸けに斬ったと記されている。こうして騒動は落着し、深手を負った房之助とともに、鉄太郎とふじは町奉行所に捕縛された。事件当時、帯刀は奥詰銃隊に所属していたが、事件は名誉ある将軍の親衛隊の隊士の家で起こった大きな不祥事になってしまった。

### 高まる軍事的な緊張

第二次長州征討が進められる中、薩摩藩は幕府の方針に反対し、戦いに大義名分が立たないことを理由に長州への出兵を拒否した。その反面、薩摩藩は従来、対立してきた長州藩と急速に接近した。長州藩を主導する木戸孝允《きどたかよし》が、薩摩藩の求めに応じて京に入り、薩摩藩の小松帯刀《こまつたてわき》・西郷隆盛《さいごうたかもり》・大久保《おおくぼ》利通《としみち》と会見したのは慶応二年（一八六六）一月で、同月二十二日には薩長連合が締結された。この中で長州征討に際して、長州藩が勝利した場合もそうでない場合も、薩摩藩が朝廷に対し長州藩の復権に尽力することが約束された。また、幕府が長州藩の復権を拒否した場合には、両藩が武力行使に及ぶことがあり得ることが確認された。この時、土佐藩の坂本龍馬《さかもとりょうま》や中岡慎太郎《なかおかしんたろう》が両藩の仲介をしたことは有名な話である。

両藩の接近は、既に前年から進められており、慶応元年（一八六五）六月には反乱軍として洋式の武器を購入できなくなっていた長州藩に対し、薩摩藩が自分の名義で小銃や艦船を購入して長州藩に手渡すことがおこなわれていた。こうした方法で長州藩が長崎の外国商人グラバーから入手した小銃は、ミニエー銃四三〇〇丁、ゲベール銃三〇〇〇丁に達し、これが第二次長州征討で使用されたと言われている。その後、第二次長州征討は長州藩の勝利で終わりを迎えるが、薩長同盟は一層強化され、最終的に討幕に向けて動き出すことになった。

第一五代将軍の徳川慶喜が政権を朝廷に返上することを願い出たのは慶応三年（一八六七）十月十四日で、翌日には朝廷がこれを受け入れた。慶喜の計画は政権の返上後、朝廷の下で議会を開設し、朝廷直属の軍隊を置くというものであったが、慶喜もその中の中心人物となる予定であった。

しかし、討幕派の動きは早く、十二月九日には西郷隆盛が指揮する薩摩藩兵を中心に諸藩兵が御所の門を固める中で、明治天皇が親王・公家・大名を引見し王政復古を宣言した。これによって摂政や関白は廃止され、新たに総裁・議定《ぎじょう》・参与の三職《さんしょく》が天皇の下に置かれることになった。さらに、同日夜に開かれた小御所会議において、慶喜に「辞官・納地」(官職を辞めて、支配する土地を天皇に返納すること）を求めることが決定した。こうして慶喜は新政権から完全に排除されることになり、領地もすべて失うことになった。慶喜は朝敵になることを恐れ、十三日には兵を率いて京の二条城から大坂城に移ったが、その後も軍事的な緊張が続いた。江戸の旗本たちは京で政治的な大変動が起こっているとは考えてもいなかったが、二六〇年以上にわたった幕府の歴史は京において終わりを告げようとしていた。

# 第五章　明治維新を迎えて

## 戊辰戦争の勃発

　鳥羽・伏見で戊辰戦争が始まったのは明治元年（一八六八）一月三日であったが、朝敵とされることを恐れた徳川慶喜が側近とともに大坂城を脱出したのは一月六日で、彼は大坂港から開陽丸に乗って十二日に江戸城に帰着した。新政府側の対応は極めて早く、一月七日には慶喜を追討することが決められた。二月九日には東征大総督に有栖川宮熾仁親王《ありすがわのみやたるひと》が任命され、江戸へ向けての進軍が開始された。新政府軍の行軍は迅速で、東海道では二月十三日に先発隊が名古屋まで到着した。慶喜が上野の寛永寺（図22）の大慈院に謹慎したのは前日の十二日で、その後、彼は上野の輪王寺にいた公現法親王《くげんほうしんのう》（後の北白川宮能久親王《きたしらかわのみやよしひさ》）を通じて朝廷に対し謝罪をおこなった。また、慶喜は徳川家の統率を御三卿のひとつであった田安家の当主徳川慶頼《よしより》に託し、自らは水戸で謹慎することを決定した。慶喜の死罪が許されたのは四月上旬のことで、慶喜が水戸に到着したのは四月十五日のことであった。

　有名な勝海舟と西郷隆盛との会見が江戸高輪（現在、東京都港区）の薩摩藩邸でおこなわれたのは三月十三日と十四日で、これによって江戸城の無血開城が決定した。こうして四月十一日には新政府軍

が江戸城に入り、幕府の拠点であった江戸城は新政府の管轄下に置かれることになった。翌日からは従来、幕府の武官や奥詰銃隊が守衛してきた江戸城の門などは新政府側の諸藩の藩兵が守衛することになった。また、幕府が管轄してきた江戸周辺の重要拠点も順次、新政府に移管された。たとえば、開港場の横浜を管轄してきた神奈川奉行所は四月二十日に新政府に接収され、以後、佐賀藩が中心となって開港場を管理することになった。また、中世以来の歴史を持つ鎌倉（現在、神奈川県鎌倉市）も、四月上旬には新政府軍が進駐し、円覚寺や建長寺などに佐賀藩兵が常駐した。さらに、幕府が慶応二年

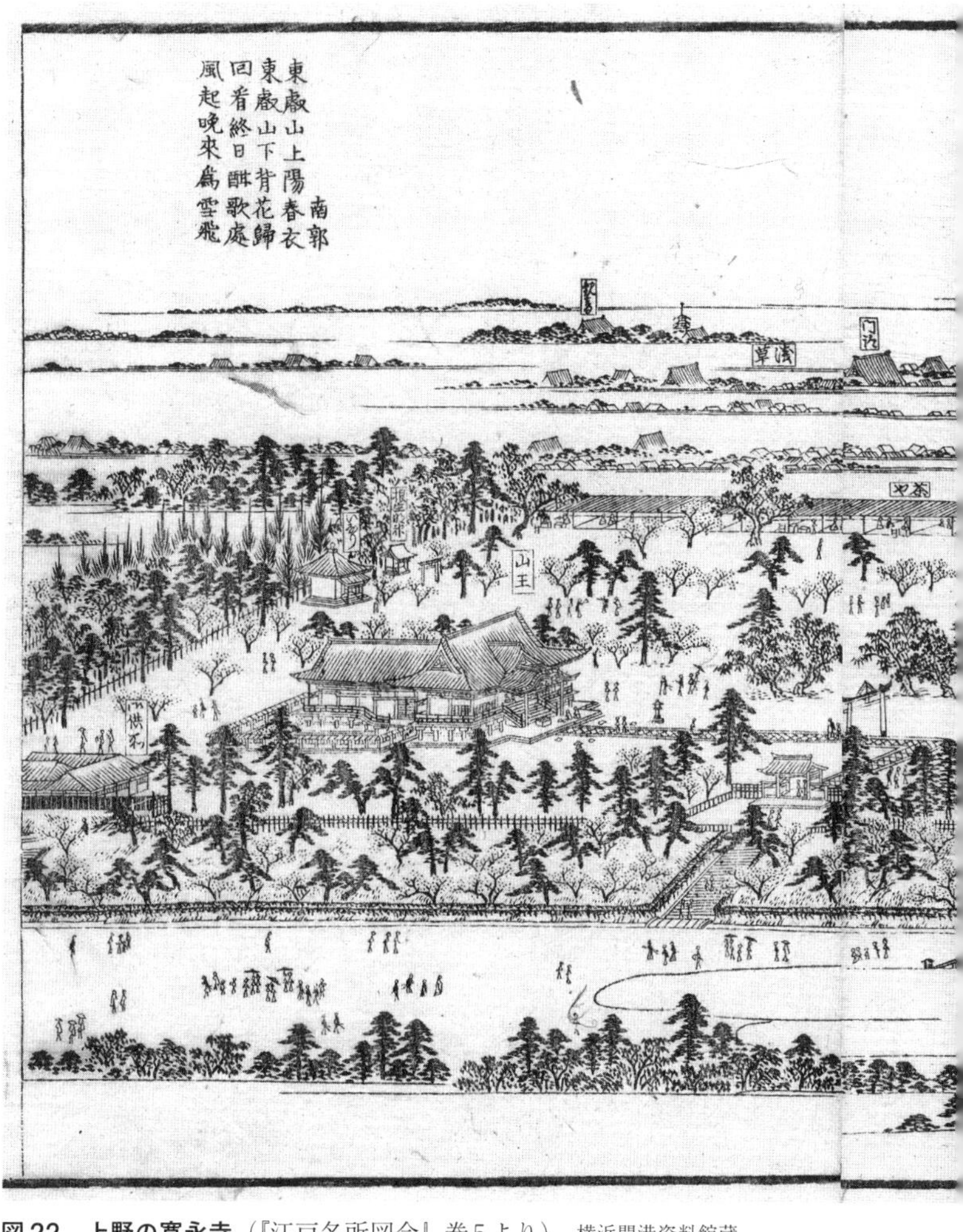


**図22　上野の寛永寺**（『江戸名所図会』巻5より）　横浜開港資料館蔵

（一八六六）に設立した横須賀製鉄所（造船所のこと、後の横須賀海軍工廠）は、閏四月一日に新政府軍に接収された。

一方、この頃から旧幕府軍や幕府寄りの人びとが江戸を脱出し、新政府軍に対抗するようになった。四月十一日には歩兵奉行の大鳥圭介《おおとりけいすけ》や撒兵頭の福田八郎右衛門が部隊を率いて現在の千葉方面に向かった。また、五月以降になると、関東北部においても旧幕府側の部隊と新政府軍が戦闘を繰り返した。さらに、江戸においても幕臣の渋沢成一郎（明治時代の実業家渋沢栄一の従兄）や天野八郎が彰義隊《しょうぎたい》を結成し、上野の寛永寺一帯（現在、東京都台東区）に籠って新政府軍と対立した。

### 松山藩士が残した記録から

戊辰戦争に際して酒依氏がどのように行動したのか、あるいは酒依氏が住んでいた江戸がどのような情況になったのかについては酒依氏の日記が残っていないため分からないことが多い。そこで、ここでは戊辰戦争勃発時に江戸にいた松山藩士の辻七郎左衛門が残した「艱難実録《かんなんじつろく》」（小林彰夫氏蔵、横浜開港資料館保管。以下、「実録」と記載。**図23**）という記録を題材にして、旧幕府寄りの武士が見た江戸の様子を紹介したい。

著者である辻は、一五代将軍徳川慶喜の側近をつとめた松山藩主板倉勝静《いたくらかつきよ》の重臣で、松山藩（現在、岡山県）の江戸藩邸に住んでいた武士であった。また、「実録」は、辻が明治初年になって戊辰戦争を

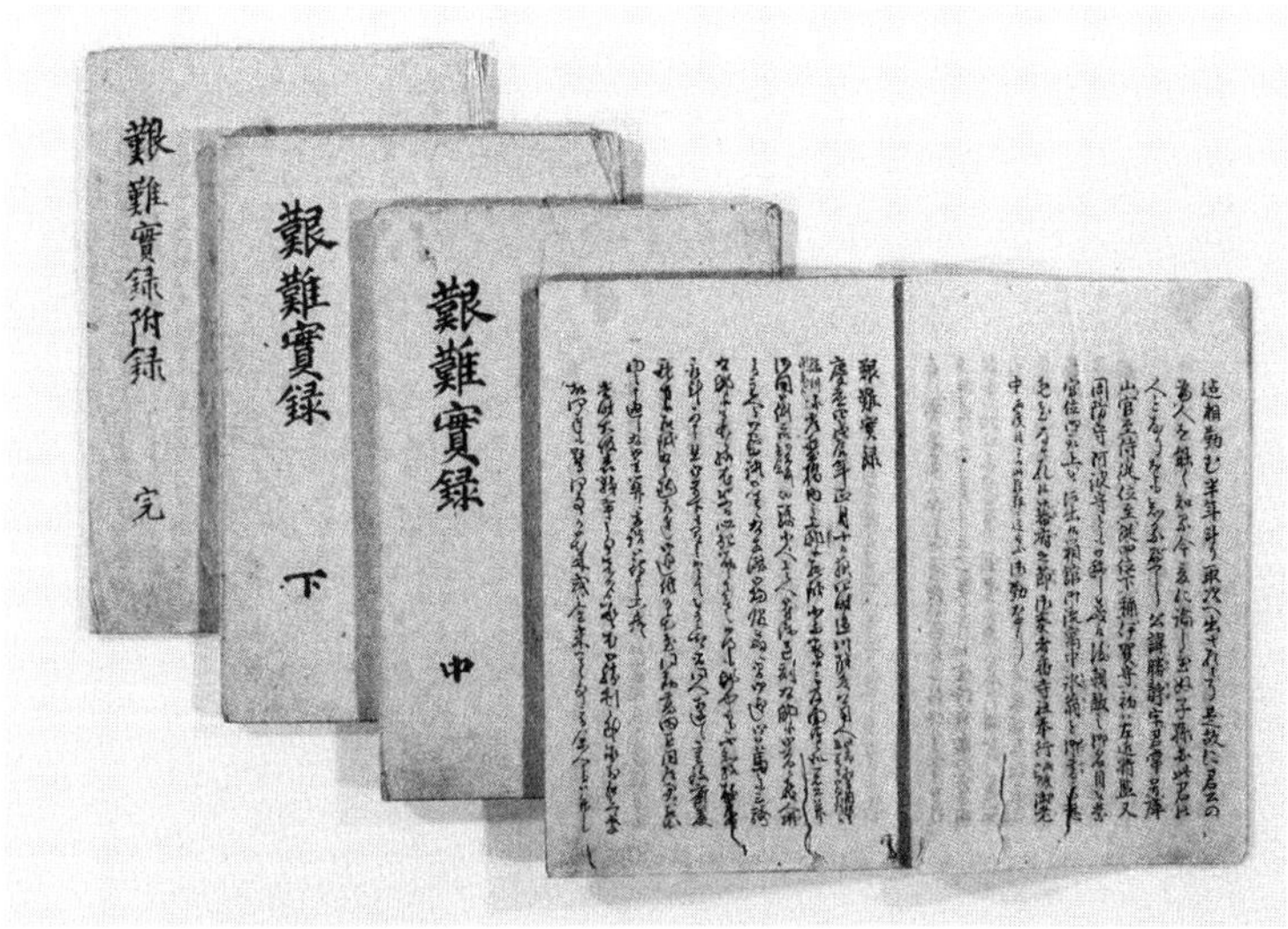

**図23 『艱難実録』** 小林彰夫氏蔵、横浜開港資料館保管

回想した記録である。記録は、辻が大坂城を脱出した主君と江戸藩邸で面会した時から始まり、明治二年（一八六九）に板倉が新政府に自訴した時で終わっている。また、辻は明治元年（一八六八）八月中旬以降、主君とともに仙台（現在、宮城県）から箱館へと転戦するが、江戸を脱出する以前の記録は、敗者の目から見た江戸の様子を克明に教えてくれる。

辻が、大坂城にいるはずの主君が慶喜とともに江戸に戻ったのを知ったのは、明治元年（一八六八）一月十一日で、この日の午後一〇時過ぎに、彼は主君が川越藩の江戸藩邸にいることを知らされた。その後、辻は川越藩の藩邸に迎えの者を差し向け、ほどなく板倉は松山藩の上屋敷に入ることになった。ここにおいて辻を始めとする重臣たちは、鳥羽・伏見の戦いで幕府軍が敗れ、将軍の慶喜が軍艦に乗って江戸に戻ったことを初めて知った。さらに、京都守護職をつとめる会津藩主松平《まつだいら》容保《かたもり》とその弟の桑名藩主松平定敬《さだあき》も江戸に帰っており、彼らがわずかの供しか連れていないことを知らされた。

板倉の話を聞いた重臣たちは「一同愕然」としながら、大坂に幕府軍を置き去りにしたことは問題であると思ったという。その後、江戸藩邸では今後の方針をめぐって議論がおこなわれたが、藩邸では主戦派が大勢を占めた。辻自身も主戦派であったようで、「討薩の布告」(幕府を裏切った薩摩藩を討伐する命令)を天下に示し、駿河(現在、静岡県)には御三卿のひとつである一橋家の当主徳川茂徳《もちなが》を、中仙道には松平容保を派遣し、新政府軍を迎え撃つべきとの意見書を主君に提出した。

おそらく主君の板倉も、この線に沿って江戸城中での議論に参加したものと考えられるが、慶喜がはっきりとした態度を示さなかったため、主戦派が優位に立つことはできなかった。また、松山藩邸でもしだいに議論するだけの情況になった。また、この頃、板倉は連日、西丸に登城していたが、江戸城中の様子については詳しい記述がない。しかし、しだいに主戦派が敗れたようで一月十五日には主戦論を主張していた勘定奉行の小栗忠順《おぐりただまさ》が罷免されている。また、態度を明確にしなかった慶喜も一月二十一日に恭順の意思を表明した。さらに、二月には老中をつとめていた板倉も職を免ぜられ、これ以後、板倉は慶喜とともに謹慎の生活に入っていくことになった。

## 辻の潜伏と松山藩主の謹慎

新政府が「朝敵」の処分を発表したのは一月十日で、この時、板倉は慶喜・松平容保・松平定敬に次いで罪が重いとされていた。そのため松山藩士たちは、二月以降、主君の助命を願って周旋に走り回ることになった。「実録」は、板倉が謹慎に入った日を記していないが、慶喜が江戸城から寛永寺の大慈院に退いた二月十二日前後のことと思われる。この時、板倉は家督を長男の万之進に譲り、木挽《こびき》町《ちょう》（現在、東京都中央区）の松山藩の中屋敷に移った。一方、辻たちは主君の助命についての嘆願書を公現法親王や一橋家当主徳川茂徳を通じて朝廷に提出することを画策した。また、この頃、辻は勝海舟とともに江戸城の無血開城に尽力した幕臣の大久保忠寛《おおくぼただひろ》から情報を得ていたようで、「実録」には大久保の情報に基づき、板倉の日光（現在、栃木県）にある南照院という寺院での謹慎が決まったと記されている。「実録」には南照院に板倉家の先祖の木像が祀られているとあり、同寺は板倉家となんらかの関係を持っていたと思われる。

こうして、三月九日に板倉は長男の万之進とともに江戸の中屋敷を出立し、一路、南照院に向かうことになった。また、この時、六〇名近い松山藩士も日光へ向かい板倉の守衛にあたったが、辻以下十数名の藩士は江戸に潜伏することが決められた。その後、四月十一日に新政府軍が江戸城に入るが、「実録」には幕府の陸海軍が新政府軍と戦う準備をしていると記されている。また、辻自身も江戸にいた会津と桑名の藩兵と一緒に戦う準備をしていたようで、日々両藩の藩士と相談をしたとある。さらに、「実録」には榎本武揚《えのもとたけあき》が幕府海軍を率いて東京湾内に留まり、徳川家の家名の存続を強く求めていたと記されている。この時期、幕府が倒壊したとはいえ、徳川家をどうするのかといった問題をめぐって激しい攻防が続いていた。一方、日光に謹慎した板倉にも大きな変化が訪れていた。当時、日光周辺では脱走した旧幕府兵や関宿・結城などの諸藩が新政府に対抗し、各地で小規模な戦闘が続いていた。そんな折、新政府に恭順の意思を示していた宇都宮藩（現在、栃木県）が、日光の板倉父子が新政府に対抗しようとしていると注進した。この結果、新政府は兵を日光に送ることになり、日光では降伏の是非をめぐって激しい議論がおこなわれた。

この時、板倉は新政府への降伏を決意したが、江戸に残留していた辻は大久保忠寛に面会し、主君に対する寛大な処分を求めている。また、大久保は薩摩藩の西郷隆盛に、その旨を伝えることを確約した。さらに、辻は新政府に対抗することを取り止め、会津藩や桑名藩の藩兵と一緒に戦うことも一旦中止したようである。ここにおいて彼らの処分も決定するかと思われたが、戦争の拡大は彼らを関東に留めてはおかなかった。すなわち板倉父子の自首後、四月二十三日に宇都宮を中心とする地域で大規模な戦争が始まり、板倉父子は戦乱を避けるために会津藩（現在、福島県）へ逃れることになったのである。

## 辻が記した江戸の情勢

「実録」には明治元年（一八六八）四月中旬の江戸の様子が克明に記されているが、この頃から新政府による市中の警備が強化された。辻は当時の様子を「新政府が見付や橋に警備する兵を配置し、通行する人々に目を配っている」と記している。一方、上野の寛永寺一帯では彰義隊が集結し始め、市中では両者が衝突することもあった。この時、辻は松山藩邸を出て市中に潜伏していたが、新政府の取り締まりの強化から潜伏が難しくなり、五月上旬には上野の山に潜伏先を変えている。もっとも、「実録」には彰義隊に加入したわけではないとあるから、安全な場所に潜伏先を変えたということのようである。

また、江戸には辻の外に十数人の松山藩士がいたが、いずれも市中に潜み、主君の板倉が会津藩とともに出陣する際には主君と合流するつもりであると記されている。当時、東北地方では反政府的な行動をする藩が多く、上野の輪王寺にいた公現法親王は、江戸の反政府勢力と東北諸藩が連携して新政府と戦うこともあると主張していたから、辻の考えも、あながち不可能なことではなかった。

実際、江戸では彰義隊と新政府軍が戦う際には、反政府勢力が結集することが計画されていたようで、「実録」には「二千人以上の人びとが彰義隊と連携すべく、市中に潜伏していた」と記されている。こうした情況に対し、新政府は彰義隊の討伐が不可欠と考え、五月十五日早朝、薩摩藩・長州藩・佐賀藩を中心とする部隊が上野に派遣された。この戦いはわずか一日で終わり、この結果、江戸での反政府活動は急激に衰えた。一方、辻は戦闘が始まった時、上野にはいなかったようであるが、戦闘の開始を聞いた彼は、桑名藩や会津藩の藩士たち一五、六名と一緒に上野へ駆け付けようとしていた。また、本所でも反政府勢力二〇〇名から三〇〇名が出陣の準備を整えていたと記している。しかし、彰義隊が壊滅したのが思ったより早かったため、いずれの部隊も間に合わなかった。これに対し辻は「残念の至り」と記している。こうして江戸の反政府勢力は一掃され、彼らの精神的な象徴であった公現法親王も会津へ脱出することになり、戦乱は東北地方へと移ることになった。

### 辻の江戸脱出

上野での戦争が終わってからの江戸では、より一層反政府勢力に対する取り締まりが強まっていた。そのため上野にいた辻も安全な場所を求めて市中を徘徊することを余儀なくされた。時には新政府軍に捕らえられそうになったこともあった。また、市中が新政府軍に制圧されたため、会津にいる主君とも連絡ができなくなった。そのような生活の中で、ようやく六月二十一日に至り、辻のもとに主君が送った飛脚が到来した。

飛脚が持参した手紙は、江戸に残っていた藩士が会津に来ることを求めたものであり、命令を受けた辻は、江戸脱出の方法を仲間とともに探ることになった。しかし、陸路は既に新政府の管轄下にあり、会津に向かうためには海路を使うしかないことが判明した。また、携行する武器や金も必要であり、辻は品川沖に碇泊していた旧幕府海軍の主力艦長鯨丸に乗船していた旧幕府陸軍奉行並の松平太郎を訪ね借金を依頼している。もっとも松平にも金がなく、辻は江戸脱出の直前になって約三〇〇両を用意できたにすぎなかった。

一方、この頃、久方ぶりに松山（現在、岡山県。松山藩の居城）との連絡が取れ、松山からやって来た同僚の川田剛との間で善後策が話し合われた。この時、川田は、板倉が会津で反政府活動をしていることを知り、松山藩の恭順が意味を持たなくなることを恐れたようである。そのため、会談では、いかにして板倉の家名を残すかが話題となり、勝静の弟であった栄次郎を新たな藩主とし、表向きは勝静と連絡が取れないことを理由に、藩としては勝静の行動とは関係なく新政府に従っていくことを表明することが決められた。こうして江戸脱出計画が進められる中、川田は松山に帰ることになった。また、辻たちは、川田との会談の結果を主君に知らせるために、東北へ向かう船を探すことになった。こうして、八月十七日に、辻たちは会津藩がチャーターした外国船に乗せてもらい、十九日に塩竈（現在、宮城県）に到着した。その後、辻は仙台城下で半年ぶりに主君と面会し、その後、主君と同行することになった。

仙台城下での板倉の宿は国分町の庄司屋という店であったが、当時、東北諸藩は会津藩の謝罪と戦争の回避をめぐって激しく揺れ動いており、板倉もその渦中にいた。特に、閏四月二十日に、会津藩討伐のため福島（現在、福島県）にいた新政府軍参謀の世良修蔵《せらしゅうぞう》が仙台藩士に暗殺されると、東北諸藩は新政府との軍事的対立を一気に強めていくことになった。

そうした情況下で、幕府の老中の地位にあった板倉のかつての肩書が東北諸藩を結集する上で必要とされるようになり、板倉はしだいに東北諸藩のシンボルとして祭り上げられるようになった。辻が仙台に到着したのは、東北諸藩が新政府軍に打ち破られ始めた時期にあたるが、彼らは極めて厳しい情況下で新しい生活を始めたようである。

## 北海道での最後の戦いへ

ここまで「実録」を題材に戊辰戦争当時の江戸の様子を紹介したが、酒依氏の人びとも江戸で繰り広げられた戦乱を目の当たりにしていたことは間違いない。また、幕府の旗本や御家人の中には江戸を離れ、会津から箱館へと続く戦乱に参加した人も多かった。そこで、ここでは「実録」を題材にして今しばらく戊辰戦争の経緯を追ってみたい。

辻が仙台に入った八月下旬以降、仙台には各地での戦況が届いていたが、「実録」には「新発田変心裏切」(新発田《しばた》藩は七月下旬に新政府軍に内通)とか「三春変心」(三春藩は七月下旬に降伏)と記されている。そうした情況下で、反政府勢力に属した人びとの希望は旧幕府海軍が陣営に加わることであった。当時、東京湾には榎本武揚の率いる艦隊がほぼ完全な形で残っており、これが陣営に加われば一気に戦局を変えることも可能と思われていた。しかし、反政府勢力の人びとが希望を託した榎本艦隊はなかなか到着せず、榎本が幕府軍艦の開陽丸に乗って石巻（現在、宮城県）に到着したのは八月二十六日のことであった。

この時、仙台にいた板倉は直ちに石巻に向かい榎本と会談したが、「実録」には榎本が「東北諸藩の同盟に加わることはできない」と答えたとある。榎本の目的は北海道で新たな国を作ることであり、東北での戦争では事態を打開できないと思っていたようである。一方、その後、東北での戦乱は新政府軍の優位な情況で推移し、最後まで戦っていた米沢藩（現在、山形県）・仙台藩・会津藩も、九月中旬には降伏を決定した。最後の戦闘は九月二十二日の会津での戦いで、この日をもって東北地方の組織的な戦闘は終結した。ところで、会津藩が新政府軍に降伏する直前の仙台には、東北各地から敗残の兵が集まっていた。彼らの中には榎本艦隊と共に北海道へ渡ることを希望する者もあり、板倉たちも榎本と行動を共にすることを決定した。

榎本艦隊（開陽丸・回天・蟠龍・千代田・長鯨・大江・鳳凰）が北海道に到着したのは十月二十日で、十一月上旬には榎本軍によって箱館・松前・江差は制圧された。しかし、板倉は北海道では重用されることがなく、辻も野戦病院で傷病兵の世話をしているだけであったと記している。その後の箱館での戦争については詳しく述べる余裕はないが、最終的に明治二年（一八六九）五月十七日に、榎本が新政府軍の陸軍参謀黒田清隆や海軍参謀増田虎之助と会見し、榎本軍の無条件降伏が決定した。また、板倉ら松山藩の人びとは、箱館での戦況が悪化した同年四月二十三日にイギリス船に乗って箱館を脱出し、仙台藩領の勝見港（現在、宮城県）で和船に乗り換え、五月十三日に房総半島に到着した。その後、彼らは陸路と海路に別れて東京に入ったが、五月下旬に板倉が新政府に自首したことによって一年以上にわたった流浪の旅が終わった。また、箱館での戦争の終結によって戊辰戦争も終わりを迎えた。

## 戦乱の中での酒依氏の人びと

国内では明治元年（一八六八）一月三日以降、戊辰戦争の嵐が吹き荒れたが、この間、酒依氏の人びとがどのように暮らしていたのかについては分からない点が多い。ただし、いくつかの記録が鈴木家に残されているので類推も含めて紹介したい。第一の記録は、酒依氏の九代から一四代の当主の家督相続の年と死亡した年代を記した記録である（第一章で紹介）。この記録には明治元年（一八六八）十一月に、一四代当主の清之丞が死亡したと記されている。記録には死亡の理由が記されていないが、時代背景を考えると戊辰戦争で戦死した可能性もある。しかし、当時、清之丞はそれなりの年齢に達していたと考えられるので、屋敷で病死したと考える方が良いのかもしれない。

次に、鈴木家には、酒依氏が同年十二月に静岡藩（徳川家を相続した徳川家達《いえさと》が現在の静岡県に七〇万石で立藩した藩）に提出した文書の写しが伝来している。この文書は、酒依氏が下菅田村へ帰農することを願い出たもので、清之丞の長男であった録五郎が家族五人を連れて帰農することが記されていた。

帰農とは武士を辞めて農民になることで、録五郎はかつての知行地の名主鈴木家に世話になるつもりであったと思われる。既に、旧幕府は同年二月七日に旗本に対して帰農することを許すことを達していたから録五郎はこの指示に従ったものと思われる。また、この時、録五郎によって、一二代清左衛門と一四代清之丞の日記が鈴木家に持参された。ところで、慶応元年（一八六五）の清之丞の日記によれば、清之丞には妻のほか、長男録五郎・次男源次郎・三男弥八郎・長女進・次女春・三女仙・四女鶴の七人の子供がいた。また、清之丞の父親と母親も隠宅に住んでいたが、この内、帰農した録五郎以外の五人が誰であったのかについては分からない。さらに、録五郎・源次郎・弥八郎が戊辰戦争に出兵していた可能性もあるが、この点も推測するしかない。

これに加えて、鈴木家には明治元年（一八六八）に作成された公文書の写しがいくつか残されているが、鈴木家では同年十月に「村明細帳」と呼ばれる文書を古賀一平に提出し、この文書はその写しであった。「村明細帳」は村の人口・耕地の情況・山林や河川の情況・産物などをまとめたもので、村を支配する人物が代わった時に新たな支配者に名主が提出する文書であった。鈴木から「村明細帳」の提出を受けた古賀一平は佐賀藩士であり、この時までに下菅田村は佐賀藩によって支配されるようになったと思われる。

また、同年十二月には神奈川県裁判所（神奈川奉行所から業務を引き継いだ新政府の役所）から年貢に関する書類が鈴木家に届けられているから、この時期に酒依氏は「殿様」としての地位を完全に失っていたことになる。その後、酒依氏の人びとは鈴木家を出たが、それがいつの時であったのかは分かっていない。

## 鈴木家に届いた手紙

鈴木家を出た後の酒依氏の人びとが、どのように暮らしていたのかについては記録がない。わずかに明治十三年（一八八〇）に、録五郎（当時は昌長と改名）が鈴木政右衛門に宛てた手紙と先祖伝来の武具を同年六月二十三日に鈴木家に売り渡した時の証文が残されているだけである（図24）。これらの記録によれば、録五郎は明治維新後に結婚し、子供をもうけているようである。また、鈴木家に身を寄せた録五郎以外の人びとが、その後どうなったのかは分からないが、手紙は当時の録五郎一家の困窮を記したものであった。手紙は長文のものではあるが、当時の一家の暮らしぶりを知ることができる貴重な記録であるので、以下に原文に近い形で紹介したい。

さてさて益々困窮相成り候義、深く御察し下され、ありがたく存じ候。実に日々益々疲弊に相成り、当惑至極に存じ候。ついては又々愚痴の様なること申し入れ候得共、当今の処、朝夕入用の品々調い兼ね候次第にて深く勘考致し候。ついては妻とも種々相談致し候処、外に仕方もこれなく間、いよいよ遠からず内に隠居致し、両人にて東京へ出、人々の稼ぎ致し候より外に仕方これ

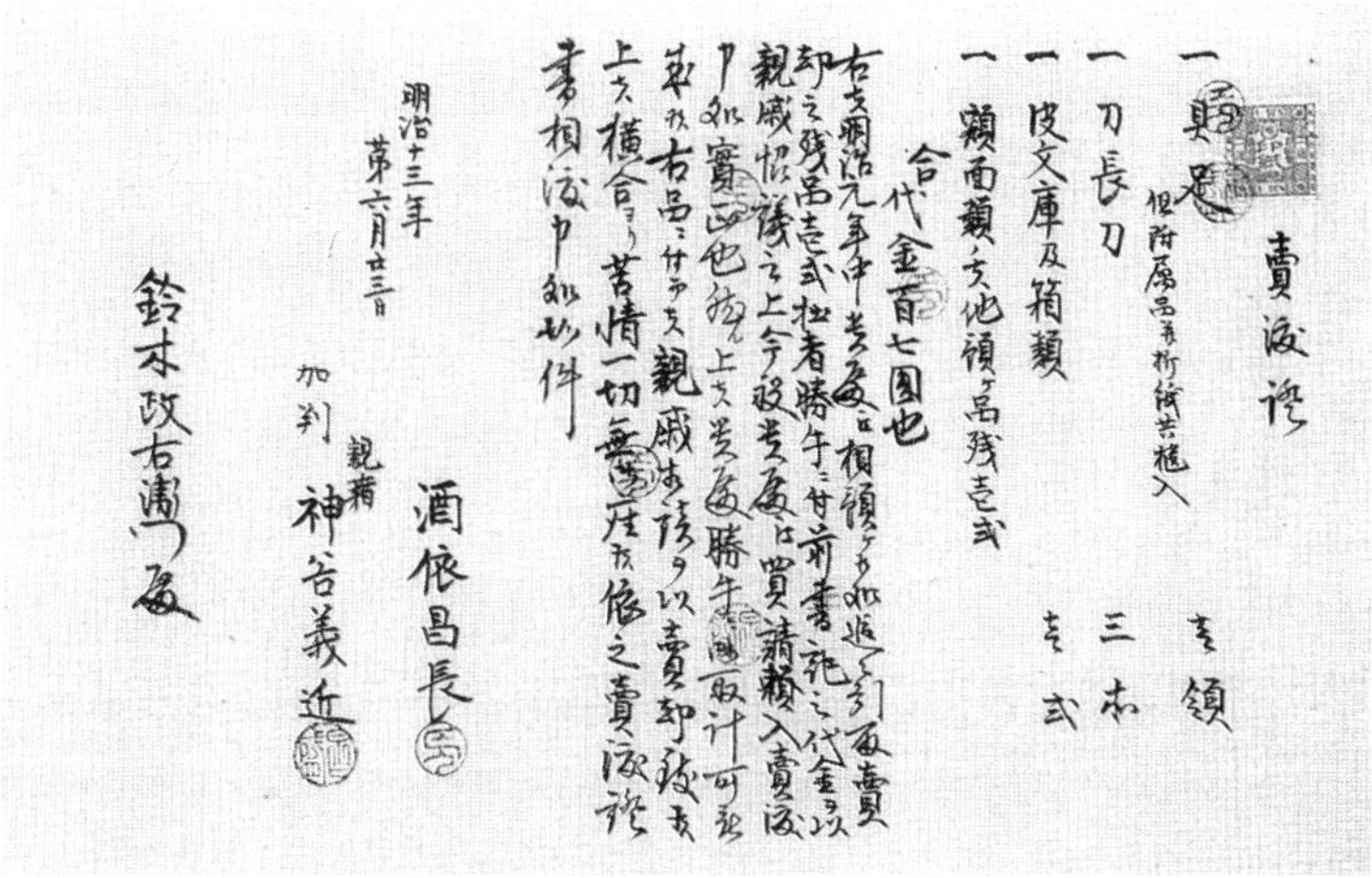
売渡證
一 具足 但附属品并折紙共袋入 壱領
一 刀長刀 三本
一 皮文庫及箱類 壱式
一 額面類其外預ケ品残壱式
合代金百七圓也
明治十三年第六月廿三日
酒依昌長
親類 加判 神谷義近
鈴木政右衛門殿

図24　鈴木家に武具を売った際に作成された証文

なくと存じ候。東京へ出て、妻ことは吉原等へ入れ、仕事致させ候はゞ一人だけの活計は立つべくと存じ候。もっとも右の如く相成り候上は改心致し、如何様なる業なるとも、相叶い候業は致すべく心得に御座候。只今の処は扶持米は少々も余分これなし。その外は皆持ち出し相成り、最早売り候品これなし。この上、売り払い候上は朝夕の用事足り申さず次第、実に当惑共何共申す様これなし。妻などは糸を取り候得共、漸々湯銭くらいにて何の足し合にも相成り申さず、拙者義も困り入り申し候。なるべくは貴殿御宅の油小売の番人に成るともお雇い下され候。

手紙には売却できるものは売り払い、米もほとんどないこと、妻は糸を取る内職をしているが、家計の助けになるほどの収入がないことなどが綿々と記されている。ここにおいて録五郎は妻と二人で家を出ることを決心したとある。また、家を出た後、妻には遊郭（吉原）で奉公させ、自身は鈴木家が経営する油屋の番人になりたいと希望している。

手紙に書かれたことが事実であるとするならば、録五郎一家の暮らしは窮乏の極に達していたことになる。そのため、録五郎は先祖伝来の武具を鈴木家に売却することにしたようで、現在、鈴木家には録五郎が、同年六月二十三日に、具足（兜と鎧）一領、刀一本、長刀二本を鈴木家に譲り渡したことを記した証文が残されている。彼は、明治維新以来一三年間にわたって役に立たない武具を所有し続けていたことになり、御書院番士という幕府の名誉ある家柄の人びとの武士としての意地を見るようで哀れでもある。録五郎の手紙には、新政府に敵対してしまった旧幕臣として生きていかざるを得ない士族の姿を見ることができ、古い意識から抜け出せなかった士族の苦悩を見ることができる。

## 農民たちの時代

録五郎一家が生活困窮に陥っていた時、かつて知行地の名主をつとめた鈴木政右衛門は、地域の豪農として知られるようになっていた。鈴木家が住んでいた武蔵国橘樹郡下菅田村は開港場であった横浜町（現在、横浜市中区の中心部）に隣接する地域であり、幕末から明治時代にかけて商品経済が著しく活性化した地域であった。そのため地域の農民には横浜市街地向けの作物を手広く生産する者や事業家として新たな商売を始める者もいた。政右衛門はそうした農民を代表する人物であり、新しい時代の中で脚光を浴びた存在であった。明治という時代は、酒依氏のような武士が没落する一方で、政右衛門のような人物が活躍した時代でもあった。そこで最後に時代の移り変わりを象徴する人物として政右衛門を取り上げ、彼の活躍を紹介して話を終えたいと思う。

先述したように(第四章参照)、鈴木家は横浜開港後、貿易に進出し活発な商業活動をおこなっていたが、そこで得られた資金などを基にして下菅田村とその周辺地域で土地を買い集めていた。鈴木家に残された明治三年(一八七〇)の記録によれば、鈴木家の所有地(田畑と山林)は一二町歩(約一二ヘクタール)以上に達し、同家は地域有数の大地主であった。また、水油の海外への輸出はできなくなっていたが、明治時代に入ると横浜市街地や旧神奈川宿に住む日本人に照明用の水油を販売する商売を拡大させていた。当時、横浜とその周辺地域では急激に人口が増加し、鈴木家の水油販売も市街地での水油の需要の増加にともない活性化した。鈴木家では周辺の村々から菜種や胡麻を集荷し水油を作っていたが、その生産量は年間約一三トン近くに達した。また、副産物としてかなりの量の油粕(油を搾った後に残る粕)も生産し、油粕は農作物の肥料として販売されていた。水油の販売価格は、一〇樽(一樽は三斗九升詰)あたり菜種油が一二〇両、胡麻油が一二五両で、鈴木家では水油販売からかなりの利益を上げたと思われる。

鈴木家の財産については明治四年(一八七一)の「棚卸帳」に詳しい記述があり、現金が約二千両で、水油の在庫として約千両、油粕の在庫として約二六〇両、原料の菜種や胡麻の在庫として約一三〇〇両が計上されている。在庫については他に販売したと仮定しての価格を書き上げたものである。このほか、二二〇両分の米が計上されているが、これは小作米を書き上げたものであろう。これらを総計すれば鈴木家の財産は約四七〇〇両を超えていたことになる。

このように見てみると、明治維新後数年間で鈴木家が地域有数の豪農になっていたことが良く分かる。その後も明治時代を通じて鈴木家は発展を続けるが、鈴木家の経営情況を眺めてみると、明治十三年(一八八〇)に、録五郎が鈴木家に財政的な援助を求めた背景が良く分かる。

### 鈴木家の茶園経営

明治初年の段階で政右衛門は実業家としての地位を確立しつつあったが、その経営をより一層発展させるようになったのは、明治九年(一八七六)に、同家が新井新田(現在、横浜市保土ヶ谷区)を購入してからであった。新井新田は江戸時代後期に神奈川宿の住民新井忠兵衛が開発した新田で、下菅田村から数キロメートル離れた所に位置していた。鈴木家が新井家から新田を購入した経緯は分からないが、後に政右衛門は「新井新田の荒廃を食い止めるために住民と一緒に新田の開発をおこないたい」と述べているから、鈴木家の経営を拡大するとともに、地域の名望家として荒廃情況にあった新井新田の復興を企図したと考えられる。この時、新井家と交わされた売買証文によれば、鈴木家は新井新田のすべての土地約五四ヘクタールを購入している。また、新井新田には一四戸の農家があったが、これらの農家は土地の購入と同時に鈴木家の小作人になった。

土地購入後、鈴木家が最初におこなったのは、従来から新井新田でおこなわれていた製茶事業の改革であった。そもそも新井新田で製茶が始まったのは明治七年（一八七四）のことで、横浜の商人であった黒崎平七が新井家から土地を借り、七万株の茶を植え、新井新田の農民を使って茶園を経営し始めてからのことであった。しかし、黒崎の経営は製茶技術が稚拙であったために順調にはいかず、鈴木家が経営に乗り出した時には枯れた茶樹も多かった。また、黒崎は茶園経営を始めるに際して、小野善助という人物から茶樹を抵当にして数千円の経営資金の借り入れをおこない、この返済が茶園の経営を一層悪化させた。このため、政右衛門は抵当になっていた茶樹約七万株を黒崎から買い取ると同時に、小野への返済を完了させた。こうして政右衛門は土地だけでなく茶樹についても入手することになった。

ところで鈴木家が茶園経営に乗り出した頃は、横浜港からの茶の輸出が順調に増加していた時代であった。明治元年（一八六八）の茶の輸出量は約六千トンであったが、明治八年（一八七五）には倍増し、その後も増加し続けた。また、輸出の中心は緑茶であり、アメリカへの輸出が相次いだ。鈴木家はこうした情況に目を付け、幕末に大豆や水油を輸出した経験をもとにして緑茶輸出に乗り出そうとしたと思われる。（図25）

さて政右衛門の茶園経営についてであるが、経営規模は当時の神奈川県にあって群を抜いて大きなものであった。明治十六年（一八八三）の記録では政右衛門の所有する茶畑の面積は一八ヘクタールを超え（新井新田の土地の約三割）、生産する茶は年間一二〇〇キログラムを超えた。茶業の先進地であった静岡県でも一軒で鈴木家と同量の茶を生産する農家は稀であったから、鈴木家の経営規模の大きさが良く分かる。

また、鈴木家の茶の品質については、明治十六年（一八八三）の鈴木家の茶の販売価格が六〇〇グラ

**図 25　茶の輸出に携わった横浜にあったアメリカの商館**
（三代広重画「横浜亜三番商館繁栄之図」）　横浜開港資料館蔵

ムあたり約二三円であり、当時の輸出緑茶の平均販売価格が約二六円であったから少々劣るものであった。そのため、鈴木家では茶園を経営するにあたって宇治（現在、京都府）や静岡県の茶師を招いて技術伝習をおこない、より一層の品質の改良をおこなっていった。こうした努力を繰り返した結果、その後は茶の販売から年間七〇〇円を超える利益を上げることができるようになった。

### 牧場の経営と市街地地主への道

政右衛門は茶の生産農家として経営を拡大したが、同時期に牧場経営にも乗り出した。この事業も新井新田でおこなわれ、同地の開発を企図したものであった。実際の牧場の運営は横浜の翁町（現在、横浜市中区）に住む杉本福松に土地を貸し、同人に乳牛を飼育させた。杉本が政右衛門から土地を借りたのは明治十一年（一八七八）十月で、杉本は新井新田の荒れた畑を借り受け、この土地を乳牛の放牧地にした。

牛の飼育方法については政右衛門と相談しながらおこなわれたが、放牧地は約四ヘクタールに達し、杉本は年間一二五円の借地料を政右衛門に払うことになっていた。牛の飼育頭数は不明であるが、牧場は翌年二月に神奈川県の営業許可を受けて発足した。当時、横浜では日本人に牛乳を飲むという習慣が広がっていたから、政右衛門と杉本は横浜市街地に住む日本人に牛乳を販売しようとしたと考えられる。しかし、牧場経営は茶園ほど順調にはいかなかったようで、明治十七年（一八八四）には廃業することになった。

このように政右衛門は新井新田での事業を拡大していったが、この時期に政右衛門は横浜市街地や旧神奈川宿で土地を取得し、借家経営もするようになっていた。鈴木家には当時の借家経営に関する記録がいくつか残されているが、明治二十一年（一八八八）に記された「所得金額届」によれば、政右衛門は横浜市街地の家作から年間一七一円の家賃収入を、旧神奈川宿の家作からは年間一二円の家賃収入を得ている。また、明治十六年（一八八三）の政右衛門が所有する家作の代価は二千円を超え、家作は財産としても大きな位置を占めていた。

さらに、政右衛門は長男満次郎と四男善四郎に市街地で店をそれぞれ持たせ、この店で自らが生産した水油を販売した。この内、満次郎が主人をつとめた店については、慶応元年（一八六五）に政右衛門が土地を取得した直後の経営の実態が分かっている。残された記録によれば、政右衛門は、この年の六月に、横浜町五丁目（現在の横浜市中区本町一丁目）に間口四間、奥行八間の建物を一二〇両で購入し、店として使用した。店には満次郎と召使の儀八を置き、「横浜出店」として運営した。この店での年間の売上は約千両で、年間一〇〇樽程度の水油が販売された。残念ながら、これ以降の鈴木家の歴史については詳しく述べる余裕がないが、同家の名望家としての歴史は現在まで綿々と続いている。

ところで政右衛門が生まれたのは文化十三年（一八一六）であり、彼は天保年間（一八三〇〜一八四四）から始まった動乱の時代に青春時代を過ごしてきた。また、村の名家に生まれた政右衛門は二七歳の時に、酒依氏一二代当主の清左衛門から組頭に任命され、三〇代に入ってからは名主として酒依氏を支えてきた。判明している酒依氏最後の当主である録五郎から手紙を受け取ったのは、政右衛門が五〇代後半の時であったが、この時、両者の立場はまったく違うものになってしまっていた。鈴木家に残された記録を見る限り、明治十年代後半以降、政右衛門が酒依氏の人びとと交流していたようには思われないが、両家の歴史は、激動の時代を生きた二つの家族の悲喜こもごものドラマを見ているかのようにも感じられる。

# おわりに

私が酒依氏一二代当主清左衛門と一四代清之丞の日記に出会ったのは、今から四〇年以上前のことになる。当時、私は横浜開港資料館の設立準備室に勤務していたが、ある日、郷土史を勉強しているグループの方から横浜市神奈川区の旧家である鈴木家に大量の古文書が伝来していることを教えていただいた。その後、私は鈴木家に足を運び、先代の当主であった登久治氏から同家所蔵の古文書を拝見させていただいた。

現在も残る鈴木家の屋敷は明治時代のものを改築したものであるが、明治維新の時に酒依録五郎が訪れたかもしれない建物で、登久治氏から鈴木家の先祖のお話をお聞きすることには感慨深いものがあった。また、登久治氏は、鈴木家が岡本太郎氏（大阪の万博記念公園にある太陽の塔の製作者）の母方大貫家の祖母にあたる方の生家であることも話され、こうした旧家の家から現在も活躍される芸術家が生み出されたことにも興味を持った。

鈴木家に訪ね始めた当初は、座敷で登久治氏が持ってこられる古文書を順次拝見するだけであったが、その後、横浜開港資料館が開館した昭和五十六年（一九八一）から古文書の本格的な整理が始まった。最終的に鈴木家が所蔵する古文書の総点数は一八〇〇点を超えることが確認され、数年後からは古文書をマイクロフィルムに撮影する作業も始まった。その整理の過程で私は下菅田村を支配した旗本酒依氏の当主が記した日記が鈴木家の所蔵する古文書に含まれていることを知ることになった。こうして私は日記の解読を進めるとともに、日記が鈴木家に伝来した経緯や酒依氏と鈴木家の関係を探る作業をおこなっていくことになった。

「はじめに」でも述べたように旗本の日記がまとまって残ることは大変珍しい。戊辰戦争に際して「賊軍」になってしまった旗本は、その後の苦しい生活の中で家族が離散してしまうこともあり、屋敷にあった古文書が残されることはほとんどない。したがって彼らの人生や家の歴史を現在に伝えることは大変難しい。

歴史からなにを学ぶかは人それぞれであるが、私は勝者の歴史だけでなく、敗者の歴史についても記録に残していく必要があると思っている。その中から教訓として学ぶこともあると信じている。鈴木家の当主であった登久治氏が亡くなられてから久しいが、氏の生前に鈴木家と酒依氏の歴史をまとめたいとお約束したことを思い出す。かなり遅くなってしまったが、ようやく書き上げることができたと墓前に報告したい。

本書を執筆するにあたっては私が勤務する公益財団法人横浜市ふるさと歴史財団理事長五味文彦先生を始め、同財団の仲間に大変お世話になった。また、原稿を推敲するにあたって協力してくれた仲間や鈴木家を調査することを勧めてくれた故内田四方蔵氏を始めとする郷土史のグループの方々、一緒に調査に出向いていただいた上司であった故阿部征寛氏にも感謝したい。

＊本書を執筆するにあたっては、酒依氏の日記を含む鈴木家所蔵の古文書や資料保存機関が所蔵する古記録を題材にしたが、そのほか以下の文献を活用した。


『寛政重修諸家譜』 続群書類従完成会発行
『柳営補任』 大日本近世史料所収、東京大学出版会発行
『続徳川実紀』 吉川弘文館発行
『東京市史稿市街編』 第48、第49、東京都発行
『幕末御触書集成』 第3巻、岩波書店発行
『陸軍歴史』 勁草書房発行
『維新史料綱要』 維新史料編纂事務局発行
『藤岡屋日記』 三一書房発行

西川武臣（にしかわ・たけおみ）

一九五五年愛知県生まれ。明治大学大学院文学研究科史学専攻博士前期課程修了。博士（史学）。専門は日本近世・近代史。現在、横浜開港資料館館長。主な著書に『ペリー来航』（中公新書、二〇一六年）、『幕末・明治の国際市場と日本』（雄山閣出版、一九九七年）、『神奈川県の歴史（第二版）』（共著、山川出版社、二〇一三年）、『横浜開港と交通の近代化』（日本経済評論社、二〇〇四年）ほか多数。

幕末《ばくまつ》明治《めいじ》旗本《はたもと》困窮記《こんきゅうき》
――御書院番士《ごしょいんばんし》酒依氏《さかよりし》の日記《にっき》

二〇二一年六月二十日　第一版第一刷印刷
二〇二一年六月三十日　第一版第一刷発行

著者　西川武臣
発行者　野澤武史
発行所　株式会社　山川出版社
東京都千代田区内神田一―一三―一三
〒一〇一―〇〇四七
https://www.yamakawa.co.jp/
振替〇〇一二〇―九―四三九九三
電話　〇三(三二九三)八一三一(営業)
〇三(三二九三)一八〇二(編集)
印刷所　株式会社太平印刷社
製本所　株式会社ブロケード

造本には十分注意しておりますが、万一、乱丁・落丁本などがございましたら、小社営業部宛にお送りください。送料小社負担にてお取替えいたします。
定価はカバー・帯に表示してあります。



ISBN 978-4-634-15201-4　Printed in Japan